elefante

GÜNTHER ANDERS

Nós, filhos de Eichmann

CARTA ABERTA A KLAUS EICHMANN

TRADUÇÃO **FELIPE CATALANI**

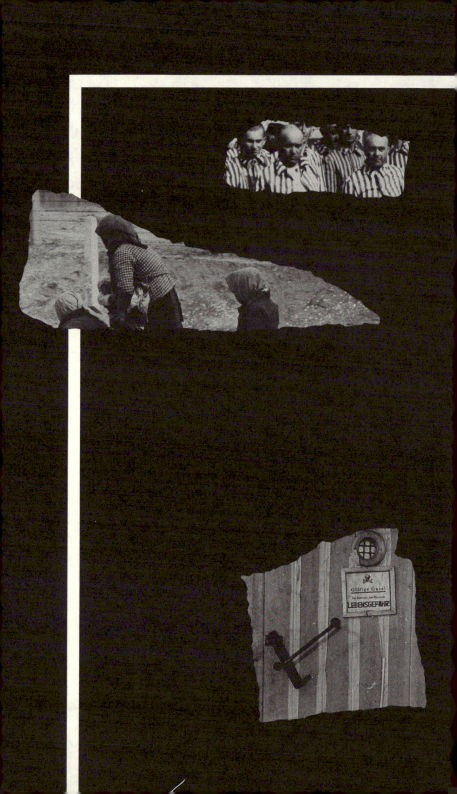

CARTA ABERTA A KLAUS EICHMANN

NUNCA É FÁCIL ENCONTRAR o tom e a palavra corretos para filhos que perderam o pai. Mas escrever para você, Klaus Eichmann, isso me é especialmente difícil. Não por você ser filho do seu pai, portanto, "um Eichmann"; e eu, ao contrário, um daqueles judeus que escaparam do aparato de seu pai e que somente por isso estão vivos — porque, por acaso, não foram assassinados. Não é isso que está entre mim e você; nesse sentido, o conceito "um Eichmann" não tem validade. Ele jamais pode caracterizar aquele que descende *de* um Eichmann, mas sempre aquele que sente, age e argumenta *como* um Eichmann. Como qualquer outro, você tampouco pode ser vítima do princípio da "responsabilidade hereditária" (*Sippenhaft*), que gente como seu pai empregou sem o menor escrúpulo, e por meio do qual tantos milhares de pessoas foram mortas. Não há culpa na ascendência, ninguém é o forjador da própria origem, tampouco você.

Não. Se para mim é tão difícil lhe escrever, as razões são outras. Em primeiro lugar, porque seu destino, o de andar por aí pelo resto da vida como filho de seu pai, me assusta. Além disso, no entanto, julgo que a perda que lhe aflige seja pior do que a perda que outros filhos têm de suportar. O que quero dizer com isso?

Que você perdeu seu pai duas vezes.

E que, para você, algo mais morreu além de seu pai.

Gostaria de falar com você sobre essas duas coisas.

A DUPLA PERDA

O QUE QUERO DIZER quando digo que você o perdeu duas vezes?

Parece-me impensável que você tenha se sentido órfão somente naquele instante em que recebeu a notícia última e definitiva, a notícia de que aquilo, que um dia foram os restos mortais de seu pai, foi lançado ao mar como cinzas. O primeiro golpe deve ter ocorrido antes. Eu acharia até natural que as feridas que lhe causaram o primeiro golpe jamais tenham cicatrizado, e que você tenha sentido o segundo golpe já sob efeito de anestesia.

E o que quero dizer com o instante do primeiro golpe?

O instante no qual você compreendeu *quem você é*, no qual você realmente compreendeu isso. Certamente você já sabia, de algum modo, que veio ao mundo como filho de um membro da ss, e talvez até mesmo soubesse que ele não havia desempenhado uma função qualquer. Mas o que era isso? Os acontecimentos se situavam na penumbra de uma época que de modo algum pertencia à sua vida consciente e haviam ocorrido bem longe, em uma parte do globo que também havia se tornado inverossímil para você. Além disso, os rastros desse homem — assim haviam lhe contado — tinham desaparecido, como os de muitos outros, no caos após a guerra; e, por fim, havia anos que outro homem preenchia completamente o lugar de seu pai, fazendo com que a imagem dele se tornasse, assim, completamente nebulosa.

Então veio o instante. O instante no qual tudo isso ruiu. Pois você não apenas soube quem realmente era esse seu primeiro pai, você agora ouvia não apenas sobre as câmaras de gás e os seis milhões — isso já teria sido suficiente. Além dessas coisas, você teve de compreender também que o novo pai, que havia apagado a memória do primeiro, não era ninguém senão aquele mesmo primeiro pai — e, portanto, o homem pelo qual você provavelmente havia sentido um amor de filho, que talvez até tenha sido bom para você (somente com horror escrevi aqui essa pequena palavra, "bom"; os seis milhões de emudecidos parecem querer protestar contra isso), que esse homem então havia sido, ele mesmo, Adolf Eichmann.

Imagino o desespero desse instante. Ou mais corretamente: tento imaginar esse desespero. Tentei com frequência. Se consegui, não sei. Mas o que sei com certeza é que não há nenhuma maldade que possa fazer com que um filho mereça estar em tal situação. Inversamente, a ideia de que você não mereceria o seu destino é difícil de suportar também para quem está de fora. Até mesmo para pessoas que, por falsa solidariedade com a sua origem, você talvez considere seus inimigos. Claro que isso não significa que sua desgraça seja merecida. Mas significa que uma desgraça não merecida, e sobretudo uma tão grande como a sua, parece exigir nosso respeito de modo bastante especial. Provavelmente isso se deve ao fato de que nós, que pretendemos ouvir essa exigência, sentimos a necessidade de recompor expressamente a dignidade humana ofendida ou mesmo aniquilada por violações. Em todo caso, creio que o respeito que devemos ao padecimento de uma vítima deve ser tão maior quanto maior for a injustiça que ela teve de sofrer.

E isso vale também para você. Porque você também pertence aos violados. Por esse motivo, você deveria saber, antes de continuar a leitura, que também o seu padecimento, ou ao menos o seu não merecimento, me inspira respeito; que sinto diante dele algo semelhante ao que sinto diante dos seis milhões que já não podem receber minha estima.

Mas você, Klaus Eichmann, ainda pode. E ainda posso pedir-lhe que o faça.

Eu tentei então imaginar o instante no qual você soube. Mas certamente você o sabe melhor do que eu. Talvez seja falsa essa pista que segui. Talvez esse primeiro segundo de choque nem sequer tenha acontecido. Talvez você nem sequer tenha sido capaz de, no primeiro momento, compreender a frase "Ele era Eichmann", ou de sequer pronunciá-la. Talvez não tenha conseguido coincidir duas figuras tão diversas, aqui o pai, ali o Eichmann. É possível, portanto, que você não tenha experimentado essa terrível verdade de modo distinto daquela meia verdade de antes: que, por um tempo, você tenha simplesmente "sabido" *essa verdade* (digo "sabido" no sentido mais frouxo e irreal); que você tenha permanecido incapaz de elaborar o que sabia e de extrair as consequências disso. E eu não julgo como excluída a possibilidade de que essa incapacidade persista ainda hoje. Se, em um fim de tarde, você pudesse escutar aqueles passos tão conhecidos no jardim, você não correria energicamente em direção a seu pai, ainda hoje, como nas tardes dos bons velhos tempos, nos quais o "ele é ele" ainda lhe era totalmente desconhecido? Eu não acharia isso estranho, e é pouco provável que muitos de nós agíssemos de modo diferente. Pois onde e com quem você, ou pessoas como nós, poderia ter aprendido a reagir de forma rápida e adequada a uma notícia tão monstruosa?

O momento no qual realmente lhe apareceu a equação "*ele é ele*" é, para mim, portanto, desconhecido. Mas, assim que esse momento ocorreu (ou assim que ocorrer, caso ainda não o tenha), também nesse dia seu pai morreu para você, e não somente no dia em que você soube da morte dele. Por esse motivo eu havia afirmado que você o perdeu duas vezes.

A PERDA MAIOR

EU HAVIA AFIRMADO QUE, para você, "algo mais morreu
além de seu pai". Por favor, não diga que "perdas suplementares" lhe são totalmente desconhecidas. É até possível que seja o caso, mas não provaria nada. Certas perdas
tornam-se sérias justamente porque *não* são sentidas.
Um cego que ainda não compreendeu *que é* cego e que,
em razão desse defeito suplementar, ousa dar passos que
na verdade não deveria dar, está pior do que o cego que
sabe daquilo de que carece. E com você poderia ter ocorrido algo semelhante.

De quais perdas suplementares estou falando?

Da perda de sua *dor*. De seu *luto*. E de sua *piedade*.

Pois dor, luto, piedade estavam realmente lá depois que
você soube da última notícia? Realmente se manifestaram?

É claro que não duvido de que você conheça essas
emoções. Como poderia duvidar? Minha pergunta se
refere exclusivamente ao seu estado atual, ao período
após o fim do seu pai; somente a esta questão: se para
você *desta vez* a dor foi possível, se *desta vez* você pôde
estar de luto, se *desta vez* você conseguiu ter, por assim
dizer, lembranças.

Teria sido natural esperar esses sentimentos. Por isso, eu poderia imaginar que você teria a foto dele, com as flores do luto, pendurada sobre sua cama, para ter certeza de que seria preciso somente erguer os olhos para encontrar seu olhar familiar. Ou que, para senti-lo próximo, você teria, sozinho, refeito o caminho que costumava fazer com ele até o ponto de ônibus. Ou o caminho até o jardim. Ou algo parecido.

Mas essas coisas serviram para algo? Suas expectativas foram realizadas? Você conseguiu captar o velho olhar dele? Sua velha voz, você conseguiu escutá-la? Ou algo diferente aconteceu? Talvez tenha aparecido eventualmente diante de você, no lugar de seu *pai* Eichmann, o *assassino* Eichmann? Ou talvez você não tenha encontrado o olhar *dele*, mas os olhos sem expressão de uma vítima das câmaras de gás? Ou talvez você não tenha escutado a voz *dele*, mas outras vozes? Por exemplo, o ruído da equação: "*ele* é *ele*"? Ou os gritos sufocados daqueles atrás da porta de ferro que acabava de se fechar na sala de extermínio? Ou, na maioria das vezes, absolutamente nada?

Como disse, diversas vezes tentei me colocar no seu lugar. E examinei como teria sido para mim se eu tivesse o azar de estar na sua pele. A resposta que tive de me dar, depois desses testes, sempre foi: não. Luto, dor, piedade não foram possíveis para mim. A foto estaria na parede em vão. Inutilmente eu teria refeito os caminhos. Jamais encontraria o olhar do pai. Nunca ouviria sua voz. E não posso crer, Klaus Eichmann, que você teria conseguido melhor do que eu. Não são tão grandes as diferenças entre nós, seres humanos.

Por que esse fracasso?

SEM RESPEITO
NÃO HÁ LUTO

POR ESSE MOTIVO, KLAUS Eichmann, porque dor, luto e piedade, como tudo o que é vivo, necessitam de certas condições sem as quais não podem surgir; e porque a mais importante dessas condições se chama *"respeito"*. Em suma: *porque só podemos chorar a perda daqueles que pudemos respeitar.*

Talvez você negue com a cabeça. "Quando alguém chora", você poderia dizer, "simplesmente chora, isso é totalmente natural, e de nada servem palavras tão grandiloquentes". Correto. Correto, se você estiver falando de uma criança que irrompe em lágrimas porque lhe dói o dente. Mas essa criança somente *chora*. Não se pode dizer que ela *lamenta* ou mesmo *chora a perda* de algo.

Mas talvez essa resposta não lhe baste. "Como se não se chorasse a perda de pessoas indignas", continuaria você, "pessoas que não foram respeitadas por ninguém enquanto ainda estavam entre nós".

Igualmente correto. No entanto, em tais casos, as lágrimas na verdade não se derramam pela pessoa indigna. Choram esses aflitos porque não há mais ele, o desprezível? Choram a perda *dele*? Não são suas lágrimas direcionadas a outra coisa? A coisas que eles respeitam? Por exemplo, *à morte ela mesma*, diante da qual ainda mostram respeito, mesmo à mais lastimável de suas vítimas? Ou à chance definitivamente perdida de tornar-se humano, que o falecido leva consigo? Ou talvez até a si mesmos? Ou choram porque têm o sentimento de sepultarem, com o morto, também o próprio luto?

Não, Klaus Eichmann, tampouco com essa segunda objeção você iria muito longe. Permanece o fato de luto e respeito se irmanarem. E para nós, que não tivemos a infelicidade de ser *você*, é também bom e reconfortante que seja assim. Pois essa unidade nos mostra que não somos cindidos: aqui, a criatura natural que chora, e ali, a criatura moral que respeita. Mostra, sim, que somos uma coisa só.

Para você, essa unidade certamente não é nada reconfortante. Pelo contrário: sela sua infelicidade. Se você perdeu a chance de chorar a perda de seu pai, foi justamente porque luto não é possível sem respeito, e porque seu pai lhe roubou a possibilidade de respeitá-lo.

SOMENTE QUEM RESPEITA PODE SER RESPEITADO

COMO ELE FEZ ISSO?

A resposta não é difícil. Há uma regra simples, uma regra da reciprocidade, que diz: "*Só podemos demonstrar respeito por aquele ser humano que, ele mesmo, demonstra respeito por outros*". Nem mesmo você ousará dizer que seu pai fez isso. Exceto talvez em círculos de familiares ou de amigos. Disso nada sei. Mas que importância teria? Que importância poderia ter perto do "respeito" que ele exerceu em seu ofício? Pois o que ali ele denominava respeito — o submisso cumprimento de ordens; o respeito consciencioso, e por isso sem consciência, com o qual prezava as instruções que lhe eram ditadas pelo aparato; a obstinada aplicação com a qual elaborava, sem brechas, o horário dos trens; o zelo extremo com o qual "resolvia", como se fosse uma irritante mancha de sujeira, aqueles que ainda não haviam sido "resolvidos" —, isso foi (além de tudo o mais, e para tanto faltam palavras não somente a mim, mas à própria linguagem) a destruição expressa do respeito: ele provou ter somente explícito *desrespeito* pelo ser humano e explícito *desprezo* pela vida humana.

Esse, Klaus Eichmann, é o motivo pelo qual também você falha em sentir respeito; o motivo pelo qual você, de uma vez por todas, é impedido de ter respeito por *ele*.

E, por sua vez, esse é o motivo pelo qual você está, de uma vez por todas, impedido de chorar sua perda.

Eu sei: esse "de uma vez por todas" soa impiedoso. Mas, às vezes, há situações nas quais a impiedade é mais respeitosa que a misericórdia. Há situações de operação nas quais também os enfermos devem ter a coragem de declarar estarem de acordo. E você se encontra em uma dessas situações. Por favor, tenha a coragem necessária aqui.

Você deve se recordar de minhas palavras sobre a responsabilidade hereditária, no início desta carta. Elas significam que a desumanidade de seu pai não poderia ser, para mim, ensejo para lhe negar dignidade humana, e que eu seria obrigado, antes, a ignorar a sua origem. Não importa quão difícil e antinatural isso seja para mim.

Para você, Klaus Eichmann, vale algo similar. Isto é, não lhe é permitido recorrer a seu próprio pertencimento hereditário. O fato de descender de seu pai não lhe dá o direito de se solidarizar com ele — ao contrário, você é obrigado a se desligar de sua origem. Você, de forma solidária a nós, deve renegá-lo. Por mais difícil que seja para você esse corte "hereditário". Por mais antinatural que possa soar. Por mais que isso contradiga bruscamente o mandamento de honrar pai e mãe.

Renuncie, portanto, a novas tentativas de chorar a perda do seu pai. Tire o retrato da parede. Desista de percorrer novamente os velhos caminhos. E não diga que, com isso, eu tento tirar de você a última coisa que lhe resta. Pelo contrário: esse seu passo poderia se transformar em ganho. Seria até mesmo possível que, com essa renúncia, você também conseguisse novamente chorar a morte. Certamente não a morte de seu pai, mas a morte de *seu luto*. E chorar o fato — pois seu caso não é um caso único — de que você, como todos nós, está condenado a viver em um mundo no qual pode ocorrer a alguém *não ser permitido* chorar a morte do próprio pai. Não balance a cabeça. Esse segundo luto não é inautêntico nem postiço. Ele é hoje muito mais o sentimento completamente imediato de todos aqueles que não têm ilusões sobre o mundo no qual precisam viver. Se você também conseguir encontrar a via para esse segundo luto, não estará mais sozinho. Mas você será um de nós.

O MONSTRUOSO

O QUE EXISTE POR trás desta carta é algo "monstruoso".
O que estou chamando de "monstruoso"?

(i) A eliminação institucional e industrial de seres
humanos; a saber, de milhões de pessoas.

(ii) O fato de que houve gerentes e capangas para esses
atos; a saber, Eichmanns[1] servis (homens que aceitaram esses trabalhos como um outro qualquer e
que se justificaram pelo apelo às ordens recebidas
e à lealdade);
Eichmanns infames (homens que disputaram
esses postos);
Eichmanns obstinados (homens que aceitaram a
perda total de sua aparência humana para gozar
de um poder total);
Eichmanns gananciosos (homens que justamente
executaram o monstruoso *porque* isso lhes era

---

1. *Eichmänner*, aglutinação dos vocábulos Eichmann e *Männer*
[homens]. [N.T.]

insuportável; porque, de outro modo, eles não teriam conseguido provar seu caráter inabalável); Eichmanns covardes (homens contentes por conseguirem cometer o infame com boa consciência; a saber, por realizarem não só algo não proibido [*Verbotenes*], mas algo até mesmo prescrito [*Gebotenes*]).

(iii) O fato de que milhões de pessoas foram levadas a uma situação e nela mantidas sem dela nada saber a respeito. E não sabiam nada porque não queriam saber nada; e não queriam saber nada porque não lhes era permitido saber nada. Ou seja, milhões de Eichmanns passivos.

Sem essa evocação do monstruoso, que foi realidade ontem, não é possível avançar um passo sequer. Mesmo com ela, avançamos somente alguns poucos passos. O obscurecimento no qual adentramos por meio da rememoração só servirá de algo caso saibamos usá-lo e transformá-lo em outra coisa. Devemos transformá-lo

(i) na compreensão de que aquilo que foi realidade ontem, uma vez que não teve seus pressupostos fundamentalmente transformados, também é possível hoje, ainda ou novamente; ou seja, na compreensão de que talvez a época do monstruoso não tenha sido um mero interregno; e

(ii) na decisão de lutar contra essas possíveis repetições.

Essas transformações não fizeram diminuir nosso obscurecimento. Pois as repetições do monstruoso (logo se mostrará por quê) são não somente possíveis, mas prováveis; e porque a probabilidade de ganharmos a luta contra a repetição é menor do que a de perdermos. Mas nossa derrota só estará selada caso fracassemos em buscar os pressupostos daquilo que uma vez ocorreu, ou seja, em descobrir de modo inequívoco *o que* nós realmente temos que combater. Esses são os motivos pelos quais eu e meus amigos temos que ir às raízes do problema.

Contudo, àquilo que lhe concerne se acrescenta ainda um aspecto decisivo, pois, no seu caso, trata-se de algo totalmente pessoal: tornar sua existência suportável. Você não pode sair da sua pele. O pensamento de ser aquele, entre milhões de pessoas, condenado a andar por aí sendo o herdeiro da época monstruosa deve se espalhar em você como um veneno. E, provavelmente, desde o instante em que você entendeu quem é, não houve um dia no qual não tenha, logo pela manhã, pronunciado as palavras amaldiçoadas: "justo eu". Se você ainda não abandonou definitivamente a esperança de se livrar desse veneno, se ainda olha em volta almejando salvação, então não há para você nenhum outro caminho a não ser o de ir atrás das "raízes", isto é: tornar claro como foi possível seu destino; compreender que teve de ser assim; constatar que não era um acaso que estava em jogo. Obviamente não quero, com isso, convencê-lo de que justamente você teria merecido essa maldição — não preciso mais uma vez recorrer às palavras com as quais iniciei esta carta para dizer como isso está longe da minha intenção. O que quero dizer, antes, é que existências tão malditas e tão desgraçadas como a de seu pai ou como a sua não vieram ao nosso mundo atual de um lugar qualquer; que Eichmanns são algo bastante significativo ou até mesmo inevitável para o estado atual de nosso mundo. De fato, há, espalhados por vários países, indivíduos que devem, como você, viver uma vida desgraçada. Por exemplo, Claude Eatherly, piloto de Hiroshima. Esses seus companheiros de desgraça, desconhecidos para você, não são somente indivíduos, mas representantes de algo; não são simplesmente azarados em uma dimensão monstruosa, mas símbolos de algo monstruoso, e isso vale também para você. E também para que você, quando estiver se debatendo consigo mesmo, se enfureça não só com a *monstruosidade de seu próprio destino* mas também (mesmo que disso você não saiba nada) com o *destino da monstruosidade*, ou seja, com aquilo que se tornou o destino de nós todos devido à situação em que hoje se encontra o nosso mundo.

Antes de começar a explicação do "monstruoso", duas observações.

A primeira é uma advertência. Temo que você receba meus argumentos como um desencargo da culpa de seu pai ou até mesmo como algo que lhe salve a honra, e que você solte um "magnífico!". Não poderia imaginar mal-entendido pior. É verdade que o mundo que mostro é repleto de tentações de infâmia e chances de monstruosidade que antes não existiam, ao menos não nessa dimensão. Mas, assim como reconhecer o instinto sexual não redime a honra de quem comete um crime sexual, tampouco reconhecer a situação atual do mundo apresenta uma absolvição daqueles que sucumbiram à tentação ou mesmo daqueles que agarraram com fervor as oportunidades de infâmia. Só pode soltar um "magnífico!" aquele que nunca se esforçou para repassar em sua mente (*Geist*) as figuras de ontem.

A segunda observação prévia refere-se à seleção das raízes que mostrarei aqui. Aos historiadores, talvez outras pareçam mais relevantes. Entretanto, para quem é movido pela preocupação com o futuro, pela preocupação de que a história continue, é necessário buscar aquelas raízes que não se extinguiram após o colapso do sistema do terror de Hitler e de seu pai. Aquelas raízes alcançam muito mais fundo que todas as raízes históricas específicas e não poderiam ter desaparecido com esse colapso. Em outras palavras: é preciso buscar as raízes *cuja existência e persistência tornam possível, e mesmo provável, a repetição do monstruoso.* Esse é o caso das duas raízes com as quais lidaremos aqui.

O MUNDO OBSCURECIDO

QUAIS RAÍZES SÃO MAIS profundas do que as políticas? O que tornou o "monstruoso" possível?

A primeira resposta a essa pergunta soa banal. Pois ela é: não importa em qual nação industrializada vivamos, e não importa o nome político que ela tenha, nós nos tornamos criaturas de um mundo técnico.

Não me interprete mal. Nossa capacidade de produzir coisas em grande quantidade, construir máquinas, colocá-las a nosso serviço, erigir instalações, organizar administrações e coordenar organizações etc. não é, em si, nada monstruoso, mas algo magnífico. Como e por que isso pode se tornar "monstruoso"?

Resposta: porque nosso mundo, embora inventado e construído por nós mesmos, tornou-se, pelo triunfo da técnica, tão enorme que deixou de ser, em sentido psicologicamente verificável, realmente "*nosso*". Pois ele se tornou "*demais*" para nós. E o que significa isso?

Primeiro, que aquilo que nós agora conseguimos *fazer* (e por isso realmente fazemos) é maior que aquilo do qual conseguimos *fazer uma imagem*; que se abriu um vão entre a nossa faculdade de *produção* (*Herstellung*) e de *imaginação* (*Vorstellung*), e esse vão se alarga a cada dia; que nossa capacidade de produção, uma vez que não há limites para o aumento de nosso desempenho técnico, é *desmesurada*, e nossa capacidade de imaginação é, por natureza, *limitada*. Dito de modo mais simples: os objetos que estamos acostumados a produzir com o auxílio de nossa técnica, impossível de ser contida, e os efeitos que somos capazes de desencadear são tão grandes e tão explosivos que nós não mais conseguimos compreendê-los, que dirá então identificá-los como nossos. É claro que não é somente a magnitude desmesurada de nosso desempenho que sobrecarrega nossa faculdade de imaginação, mas também a infinita *mediação* de nossos processos de trabalho. Ao sermos empregados para executar um dos inúmeros manejos que compõem o processo de produção, não apenas perdemos o interesse no mecanismo como um todo e em seus efeitos últimos, mas também nos é roubada a faculdade de fazer uma imagem do processo. Uma vez ultrapassado um grau máximo de mediação — o que é a norma no trabalho industrial, comercial e administrativo de hoje —, nós então renunciamos; não, nem sequer sabemos que renunciamos ao que seria nossa tarefa de imaginar aquilo que fazemos.

E o que vale para nossa imaginação vale em igual medida para nossa *percepção*: se os efeitos de nosso trabalho ou de nossa ação ultrapassam certa grandeza ou certo grau de mediação, começam então a se tornar obscuros diante de nossos olhos. Quanto mais complicado é o aparato no qual estamos instalados, quanto maiores são seus efeitos, tanto menos o enxergamos, tanto menor é a nossa chance de compreender os mecanismos dos quais somos parte. Em suma: embora seja obra humana e mantido em marcha por todos nós, nosso mundo, visto que escapa tanto à nossa imaginação quanto à nossa percepção, torna-se cada dia *mais obscuro*.[2] Tão obscuro que nem sequer conseguimos mais reconhecer seu obscurecimento; tão obscuro que nos seria permitido chamar nossa época de *dark age*. Em todo caso, devemos renunciar definitivamente à ingênua esperança otimista do século XIX de que o "esclarecimento" (*Aufgeklärtheit*) do ser humano avançaria automaticamente com o desenvolvimento técnico. Quem ainda é embalado por tal esperança não é só supersticioso nem simplesmente uma relíquia de anteontem, mas é vítima dos atuais grupos de poder: a saber, daqueles *obscurantistas da era técnica*, cujo mais forte interesse reside em *nos manter no escuro sobre o fato do obscurecimento*, ou melhor, em ininterruptamente produzir essa obscuridade. É nisso que consiste a engenhosa manobra de mistificação conduzida contra os desprovidos de poder. A diferença entre os métodos de mistificação conhecidos e os de hoje é clara: se antes a tática consistia obviamente em *excluir* os desprovidos de poder de todo esclarecimento possível, a tática atual é *convencer* aqueles que não veem que não veem de que são esclarecidos. Em todo caso, o que

---

2. Certamente essa afirmação não é de todo nova, e aliás existe há muito tempo um termo que indica esse obscurecimento: "alienação". As doutrinas que dão origem a essa expressão, no entanto, não fazem jus à situação atual. Seus representantes não reconhecem que a existência do "obscurecimento" se deve ao desnível entre "produzir" e "imaginar", mas insistem doutrinariamente na culpa exclusiva das relações de propriedade (dos meios de produção); transformando-as, a alienação também desapareceria do mundo. Certamente algum dia também os teóricos socialistas, sob a pressão dos fatos, deverão reconhecer que entre eles há alienação como em toda parte, e que no longo prazo não se pode manter de pé o *obscurecimento da origem do obscurecimento*.

ocorre hoje não é um avanço, no mesmo passo, da técnica e do esclarecimento, mas o contrário: ambos estão submetidos à regra da "proporção inversa", isto é, quanto mais intenso o ritmo do progresso, maiores os efeitos de nossa produção e mais intrincada a estrutura de nossos aparatos — quanto mais rapidamente nossa imaginação e nossa percepção perdem a força de manter o passo, mais rapidamente afunda nosso "esclarecimento", e mais cegos nos tornamos.

E de fato trata-se de *nós*. Pois aquilo que fracassa não é somente isso ou aquilo, não somente nossa imaginação e nossa percepção — tornamo-nos fracassados até o fundamento de nossa existência, ou seja, realmente em todos os aspectos. O que quero dizer com isso?

AS REGRAS INFERNAIS

A INSUFICIÊNCIA DE NOSSO SENTIR.
Não compreenda mal essa resposta, por favor. Não estou lamuriando o fato de que nós, seres humanos, teríamos nos tornado tão ruins e insensíveis. Tal lamento seria não somente sentimental, mas bastante questionável, pois a afirmação de que nossa capacidade de sentir estaria se atrofiando e de que ela seria menor que a dos bons e velhos tempos não pode ser demonstrada. Afirmo, antes, que *nossas tarefas de sentimento aumentaram*, que elas agora são incomparavelmente maiores do que antes, e com isso se alargou também o abismo entre essas tarefas e nossa capacidade de sentir (a qual supostamente se manteve constante) — em suma, nós, enquanto seres que sentem, não estamos mais à altura de nossas próprias ações, porquanto elas jogaram para escanteio aquilo que antes podíamos fazer.

Regra: quando aquilo a que nós deveríamos realmente reagir se torna desmesurado, falha também nosso sentir. Não importa se esse "desmesurado" se refere a planos, desempenhos de produção ou ações já realizadas, o "grande demais" nos torna frios, ou melhor (pois também a frieza seria ainda uma espécie de sentimento), nem mesmo frios, mas completamente indiferentes: tornamo-nos "analfabetos emocionais", que, confrontados com "textos grandes demais", simplesmente não reconhecem mais estarem diante de textos. Seis milhões permanece, para nós, um número, enquanto a notícia de dez assassinados talvez ainda possa ressoar em nós, e o assassinato de uma única pessoa nos enche de horror.

Pausemos aqui por um instante, Klaus Eichmann. Pois estamos realmente diante de uma das raízes do "monstruoso". A insuficiência de nosso sentir não é simplesmente um defeito entre outros; também não é apenas pior que o fracasso de nossa imaginação e de nossa percepção, mas é até mesmo pior que as piores coisas que já aconteceram; e com isso quero dizer: até pior que os seis milhões. Por quê?

Porque é esse fracasso que permite a repetição das piores coisas; que facilita sua progressão; que torna até mesmo inevitável essa repetição e essa progressão. Pois entre os sentimentos que falham não está só aquele do horror ou do respeito ou da compaixão, mas também o *sentimento de responsabilidade*. Por mais infernal que possa soar, vale para esse sentimento a mesma coisa que para a imaginação e para a percepção: *ele se torna tão mais impotente quanto maior é o efeito a que visamos ou que já alcançamos; ele se torna igual a zero — e isso significa que nosso mecanismo de inibição se paralisa completamente — assim que se ultrapassa certa grandeza mais elevada.* E, porque essa regra infernal é válida, o caminho para o "monstruoso" está aberto.

MAS ELE VISAVA A ISSO

DECERTO, ASSIM QUE EU formulei essa regra, você pensou em seu pai. E não sem razão. Você o conheceu no dia a dia, como um homem que não transparecia o que estava por trás dele; que teve êxito em não deixar isso transparecer; que nem mesmo precisou se esforçar para que nada transparecesse. E depois você certamente leu as atas do processo, das quais se depreendia que, até seus últimos dias, o que ele havia dirigido em sua mesa de despacho não era, como se diz, "de sua conta", e que ele confrontava suas ações monstruosas como se nem valesse a pena falar delas, como se elas fossem, emocionalmente, *quantités négligeables*. Ele se comportou de maneira tão desinteressada *apesar* de suas ações terem sido monstruosas? Assim quer a interpretação corrente. Ou não seria o contrário: justamente *porque* elas foram tão enormemente horrorosas? A saber, grandes demais para ele? Como é isso?

Este é o momento no qual fico com um pouco de medo, porque aguardo o seu "magnífico!". Devido às questões agora elencadas, talvez você tenha a impressão de que nos aproximamos um tanto. Lamento, Klaus Eichmann. A regra que nós acabamos de conhecer — a capacidade de nosso sentir diminui com o tamanho crescente dos efeitos de nossos atos; e nosso mecanismo de inibição, a partir de certo limiar, é totalmente anulado — não basta para defender seu pai como uma vítima da situação atual ou indicá-lo como testemunha daquilo que, devido a essa regra, pode ocorrer conosco, seres humanos, e assim absolver sua culpa. De todo modo, a culpa dele em relação ao monstruoso permanece monstruosa. Por quê?

Porque ele não pode ser contabilizado como um daqueles milhões de trabalhadores que permanecem condenados à própria atividade especializada e que, devido ao caráter indireto do processo de trabalho no qual estão integrados, de fato foram privados da possibilidade de representar para si[3] os efeitos últimos e enormes daquele processo. Estão entre eles talvez os funcionários de escritório ou aqueles empregados responsáveis por colocar nas gavetas corretas os nomes dos já assassinados. Deles pode-se de fato dizer que vislumbravam sua função específica como a primeira e provavelmente a única, e dessa forma estavam impedidos de representar para si o monstruoso efeito final. Ou melhor, estavam impedidos até mesmo de fazer o esforço (em vão) de imaginar esse efeito. Mas *ele*? Era ele realmente só um deles? Somente um empregado no escritó-

---

3. No original, *sich vorstellen*, ora traduzido por "imaginar", ora por "representar para si" (por motivos meramente estilísticos). Portanto, quando se fala em "representação" e "representar", o que está em jogo é a imaginação. [N.T.]

rio de extermínio? Somente uma vítima da maquinaria? Somente seu próprio ajudante?

Nem mesmo você afirmará isso. Culpar somente a máquina pela anulação de sua fantasia e de sua responsabilidade significaria colocar até os fatos de ponta-cabeça. Pois, no que lhe concerne, pode-se dizer que a imagem do monstruoso efeito final apareceu diante de seus olhos como algo *primeiro*; que ele, por interesse no efeito final, participou do planejamento, da construção e da direção dessa máquina; somente porque ele, sem tal maquinaria, jamais conseguiria realizar esse objetivo.

É claro que com isso não quero dizer que ele, antes que seu aparato de fato tenha sido colocado (mais ou menos) "perfeitamente" em marcha, tenha concebido a imagem do efeito final em todos os detalhes. Com que clareza ele pôde imaginar o triplamente inimaginável — o não ser de milhões de pessoas, o calvário dos *morituri* e a devastação dos peões indispensáveis —, isso nós não sabemos. Mas aqui isso não é decisivo. Pois o que conta, e não pode mais ser removido do mundo, é unicamente que a imagem ou o conceito do estado final foi o trampolim de sua atividade; que ele, de antemão, de alguma forma *visou* (*gemeint*) ao estado monstruoso.

Talvez você tentasse agora amenizar ou apagar esse fato decisivo enfatizando o pequeno termo "de alguma forma" em vez de "visou". Dado que seu pai (assim você poderia objetar) somente "*de alguma forma*" teria visado a essa monstruosidade, isso demonstraria também que ele teria sido vítima justamente daquela "discrepância" entre capacidade de imaginação e de produção que é o destino de todos nós; que apenas essa "discrepância" carrega a culpa de sua culpa. Por outro lado, sem a existência dessa "discrepância", não teria sido possível ocorrer a ninguém a ideia de levar a cabo a aniquilação de milhões de pessoas, e então também ele, se não tivesse sido submetido a essa "discrepância", não poderia ter tido essa ideia. Em suma: ele só poderia ter participado do planejamento da "solução final" porque somente "de alguma forma" a visualizou; ele teria sido apenas um de nós; aquilo que aconteceu com ele poderia igualmente ter acontecido com cada um de nós, pois ninguém pode escapar da lei da "discrepância".

A CHANCE
DE FRACASSAR

MAS AS COISAS NÃO são assim tão simples, Klaus Eichmann. E eu não posso lhe conceder um uso tão barato do meu argumento da "discrepância". De fato, é verdade (assim dizia minha regra) que, com o aumento do efeito, nossa capacidade de imaginação e responsabilidade diminui; que ela fracassa completamente após superado certo limiar máximo; e que nenhum de nós escapa ao âmbito de validade dessa lei. Isso não significa, porém, que nossa derrota moral esteja automaticamente selada; que todas as portas para o monstruoso estejam abertas; ou que poderia ocorrer a cada um de nós, por certo descuido, esboçar e perseguir planos eichmannianos, ou seja, tornar-se um Eichmann. Não estamos submetidos de forma tão servil à "lei da discrepância" e não temos o direito de nos sentirmos tão confortáveis. Por que não?

Porque, além disso — e esse é o complemento imprescindível à nossa regra da "discrepância" —, a experiência de nosso fracasso apresenta ainda uma *chance*, uma oportunidade moral positiva de pôr em movimento um mecanismo de inibição. *Pois no choque de nosso fracasso reside um poder de alarme.* Justamente ele nos ensina que alcançamos aquela estação última, limítrofe, atrás da qual se bifurcam irrevogavelmente os dois caminhos, o da responsabilidade e o da falta de escrúpulos. Quem realmente tentar alguma vez representar para si os efeitos da ação que planejou (isto é, os efeitos do plano no qual foi desprevenidamente integrado) e, após o fracasso dessa tentativa de representação, realmente admitir ser acometido por medo, por um medo salutar diante daquilo que estava prestes a levar a cabo, sentindo-se assim convocado a reexaminar sua decisão (isto é, sem ter propriamente tomado uma decisão, quase teria contribuído [*mit-verursacht*] com a realização daquilo), para então tornar sua participação (*Mit-tun*) dependente de sua própria decisão, esse alguém já teria deixado para trás a zona de perigo na qual algo eichmanniano poderia lhe ocorrer, na qual poderia se tornar "um Eichmann".

"Não consigo imaginar o efeito dessa ação", diz ele.
"Logo, trata-se de um efeito monstruoso.
"Logo, não posso me responsabilizar por ele.
"Logo, devo revisar, recusar ou combater a ação planejada."

A EXPLORAÇÃO
DA DISCREPÂNCIA

PARA QUE O FRACASSO seja frutífero, pressupõe-se, é claro, que as tentativas de imaginação (condenadas ao fracasso) também sejam realmente levadas a cabo. E isso não é tão fácil, pois, para a maioria de nós, nada é menos evidente do que levar a cabo tais tentativas. Se elas são tão raras, é porque nós somos quase todos trabalhadores subalternos e, como tais, não nos interessamos pelo efeito de nosso trabalho, tampouco pela representação do efeito final em geral; ou, dito de forma mais correta: porque esse interesse nos é impedido; porque nos limitamos — nisso reside a "moral do trabalho" hoje universalmente reconhecida — a nos interessar pela atividade especializada na divisão do trabalho para a qual somos pagos. Mas esse impedimento do interesse desencadeia uma série de outros impedimentos. Pois, quando somos impedidos de tentar imaginar, também somos impedidos, certamente, de experienciar nosso *fracasso*; e assim, por sua vez, de perceber a *chance* dessa experiência (a saber, o alerta); e, por fim, somos impedidos de opor resistência efetiva ao monstruoso. Devemos realmente admitir que os milhões de trabalhadores de hoje, embora cúmplices do monstruoso, permanecem cúmplices inocentes.

Mas isso vale também para seu pai? Ele poderia ter justificado sua participação no monstruoso afirmando que, por meio de sua função na divisão do trabalho, estava impedido de imaginar o efeito final? E por isso também estava privado da chance da tentativa fracassada de imaginação?

A resposta você já conhece. Ela é: não. E assim é porque ele participou do planejamento do monstruoso; e porque planos que não fossem ao mesmo tempo presentificações do que foi planejado simplesmente contradizem o conceito de planejar. Então registremos, Klaus Eichmann: *seu pai fez a tentativa*. E até mesmo mais de uma vez: quando alguém planeja, não se limita a uma única tentativa, ainda mais se tem, enquanto está planejando, a imagem do objetivo diante dos olhos.

Em segundo lugar, é igualmente certo que ele fracassou nessas tentativas, e pelo simples motivo de que não há um ser humano que possa imaginar tamanha enormidade: a aniquilação de milhões de pessoas.

Carentes de resposta permanecem, então, somente as perguntas sobre sua *reação* a esse fracasso, se ele tomou nota desse fracasso. Ou se ele o utilizou como chance. Ou se isso lhe "serviu" para algo.

Para responder a essas perguntas, quero lhe fazer primeiro, ao menos aparentemente, uma concessão. Podemos tranquilamente supor que, depois de estar em marcha o seu aparato conforme o programa, ele tenha, em seu trabalho diário rotinizado, aos poucos perdido de vista o objetivo originalmente visado: que, com o tempo, a representação daquilo que ele de fato provocou não tinha para ele nenhum papel decisivo; que ele agora se interessava sobretudo pelo funcionamento "perfeito" de seu empreendimento.

Mas não devemos compreender errado essa concessão. Não quero dizer que a culpa com a qual ele se encarregou enquanto colaborador no planejamento da "solução final" tenha se dissolvido no nada por meio de sua rotinização. Tampouco que ele tenha se tornado vítima de seu aparato e, por fim, se rebaixado ao status de seus próprios empregados cegos.

Essas palavras — "acabar sendo vítima" e "se rebaixar" — são descabidas aqui. Apresentar o processo como um acontecimento puramente passivo seria até mesmo uma enganação. Estamos aqui, muito mais, diante de uma *ação*. O que aconteceu foi que ele *se fez* vítima de seu aparato. Na verdade, ele não teria conseguido encontrar ou inventar nenhum auxílio mais confortável, nada que pudesse garantir com maior segurança o êxito de seu programa monstruoso, do que o fato de que sua capacidade de imaginação não estava à altura do tamanho de seu objetivo, de que suas tentativas de imaginação permaneceram condenadas ao fracasso. Formulada negativamente, essa ideia lhe ficará bem mais clara. O que quero dizer é que ele não teria conseguido se permitir, que ele não poderia ter mantido, diante de seus olhos, a imagem dos que aguardavam, dos mortos por gás, dos queimados e semiqueimados. E isso porque ele ininterruptamente se colocava sob a ameaça, ininterruptamente se arriscava a tornar-se fraco e a ficar no meio do caminho — em suma, a sabotar seu programa e a si mesmo. Esse ponto não conseguimos levar suficientemente a sério, Klaus Eichmann. Pois não temos motivo algum para subestimar esse perigo de sabotagem. Afinal, não podemos ignorar o fato de que aqueles que hoje dirigem os monstruosos empreendimentos certamente livres de tabus ainda são, em certo sentido, também pessoas como nós, a saber, tipos antiquados; e com isso não quero dizer somente que são tão incapazes quanto nós mesmos de imaginar aquilo que levam a cabo, mas — e é isso que está em jogo aqui — que também eles ainda vieram ao mundo como seres humanos e, enquanto tais, ainda carregam consigo *derradeiros rudimentos de tabu*; rudimentos que lhes são um grande estorvo, uma pedra no caminho de seus empreendimentos. Muitos dos que foram designados como capangas no campo de concentração tiveram até mesmo de fazer cursos nos quais tinham de aprender, por meio da execução de tarefas de tortura e assassinatos, a "assassinar" também seus tabus. Até seu pai mencionou uma vez (e por esse motivo deplorável não podemos negar a ele um mínimo de humanidade) que sentia náuseas, que às vezes seu estômago se revirava ao ver o sangue da massa de mortos jorrar do chão. O que é mais horrível: o fato que ele cita ou sua reação a ele; ou o fato de que, apesar disso, ele continuava a participar; ou que o estômago tenha se tornado o último asilo da moral (*Gesittung*) e da misericórdia, que o bestial e o moral tenham trocado de lugar? Isso agora é impossível de julgar. De todo modo, o importante aqui é que ele teve que fazer de tudo para se defender desse perigo de uma invasão fisiológica da moral na realização de seu programa.

E veja só: tal medida de prevenção contra tabus estava pronta. Havia essa magnífica insuficiência do imaginar e do sentir. Havia essa magnífica experiência: nenhuma de nossas tentativas de imaginação tem êxito. Ele só precisava servir-se dela.

E foi isso o que seu pai fez.

Eu havia antes caracterizado o malogro de nossas tentativas de imaginação como *"chance"*. E isso porque nossos olhos são abertos justamente por esse malogro; porque, justamente por meio dele, reconhecemos que alcançamos a última bifurcação de caminhos, pois justamente ele nos alerta a fazer funcionar "o que não se pode ver".

Ora, seu pai utilizou esse fracasso igualmente como "chance". Mas em um sentido, decerto, diametralmente oposto ao nosso. Pois aquilo que ele fez desse fracasso não foi alerta algum, mas, pelo contrário, uma justificação de seus feitos. Se ele tivesse sido capaz de expressar seu princípio em palavras, então poderia ter dito:

"Eu não reconheço o monstruoso.

"Em razão da 'discrepância', sou incapaz de reconhecê-lo.

"Logo, nada pode ser imputado a mim.

"Logo, posso fazer o monstruoso."

Ou:

"Eu não vejo diante de mim os milhões de pessoas que mandei serem assassinadas por gás.

"Eu não consigo vê-las diante de mim.

"Logo, posso tranquilamente mandar que as matem com gás."

Não, apresentar seu pai simplesmente como uma das vítimas do atual defeito de imaginação ou, enquanto vítima, fazer sua defesa, seria uma falsificação. E não só, pois seria também infinitamente injusto com aqueles milhões que foram de fato privados de imaginar aquilo com o qual eles, sem terem conhecimento, colaboraram. Aquilo que para eles é um destino e aquilo que amedronta os que têm maior consciência moral: a impotência de sua imaginação e de seu sentir — isso seu pai recebeu bem, isso ele utilizou e explorou para seus objetivos. Essa impotência era seu auxiliar prático insuperável. Se ele não a tivesse e não pudesse incessantemente fazer uso dela, não lhe teria sido possível executar seu trabalho de extermínio.

O MONSTRUOSO E AS VÍTIMAS

ORA, NINGUÉM ESTÁ EXCLUÍDO do destino da "discrepância". Não fracassam em imaginar os efeitos enormes somente aqueles que os causam. Quando o monstruoso ocorre, fracassam tanto os carrascos quanto as vítimas. Basta que deixemos de lado seu pai e olhemos para as vítimas dele.

Sabemos que, em inúmeros casos, elas ficaram mudas e perplexas diante da enormidade de sua situação. Compreenda bem, Klaus Eichmann, o que isso significa: essas pessoas, diferentemente de seu pai e de seus empregados, tinham, a cada dia e a cada minuto, o monstruoso diante dos olhos. Mas de que lhes servia ter olhos? O que viam era precisamente "grande demais", e também elas estavam subordinadas à lei da "discrepância". Isso significa que eram não somente incapazes de compreender as causas da situação que "percebiam", mas incapazes até de imaginar o que percebiam, de se preparar para reagir de forma adequada (o que significaria "adequado", então?). Talvez baste aqui um único exemplo: o da mulher grávida levada ao campo de concentração sem condições de imaginar que não era senão um ingrediente para a preparação de determinado material, e que não tinha outra função senão a de, no dia seguinte, sair como fumaça daquela chaminé que fumegava diante de seus olhos; a mulher que, portanto, continuava a se portar como se ainda fosse uma mulher, como se estivesse ainda em casa, ou como se os homens sob cujo poder ela se encontrava fossem ainda homens: a mulher que solicitou um carrinho de bebê a um dos carrascos ou lacaios das câmaras de gás e que, obviamente, devido a seu pedido absurdo — imagine: um pedaço de material combustível pedir um carrinho de bebê, o que seria isso? —, provocou a gargalhada do inferno e antecipou sua eliminação imediata.

Aliás, gostaria de salientar aqui que tais reações errôneas ao monstruoso — e o exemplo anterior foi um entre milhares — são tudo menos vergonhosas. Ao contrário, em certo sentido elas até trazem, se essa palavra humana ainda couber aqui, *consolo*; entre as incapacidades do homem, há também aquelas nobres, e a esse grupo pertencem também, justamente, tais reações erradas. Pois elas demonstram quão obstinadamente as pessoas comuns resistem a acreditar de fato em um excesso de desumanização. De todo modo, as vítimas não poderiam ter reagido de maneira diferente. (Isso vale não apenas para o tempo que passaram no campo de concentração, mas aplica-se de modo geral, pois o monstruoso não começou somente ali: também a ameaça do monstruoso já era monstruosa.) Quem contradiz isso — o que por vezes ocorreu; quem diz que essas milhões de pessoas eram o que eram, a saber, seres de mil formas condicionados pelo mundo e pela história e acostumados a circunstâncias e reações previsíveis; quem afirma que essas pessoas *poderiam* ter reagido à situação monstruosa de forma mais adequada somente denuncia sua extrema cegueira perante a realidade. E denuncia algo ainda pior aquele que mede essas pessoas comuns com a régua de postulados incondicionados ou de uma imagem ideal abstrata; que exige delas, *post festum*, que *deveriam* ter reagido de outro modo; e que as julga desprezíveis, pois não correspondiam a essa elevada imagem do homem e não se transformaram da noite para o dia em heróis ou super-homens. Também essa sentença já foi pronunciada. O fato de justamente a bela virtude da incondicionalidade ter seduzido certos filósofos a se perderem em tal falta de bondade não apenas causa indignação como também é terrivelmente deprimente. E para aquele que sabe que tampouco ele prescindiria da dureza das abstrações e da inexorabilidade das normas, e que sem isso permaneceria incapaz de fazer enunciados válidos: para todo pensador, essa presunção deveria servir de advertência sobre os perigos do doutrinarismo.

Não, reagir adequadamente ao que não tem medida era impossível. E quem exige isso das vítimas deveria também exigir do peixe lançado na praia que ele imediatamente criasse pernas para assim caminhar de volta a seu meio úmido. A reação errada era inevitável, pois a desmedida do que se exigia simplesmente ultrapassava a medida daquilo que seres humanos em geral podem imaginar, sentir ou compreender. Pois eles não tinham outra escolha, senão

♦ ou responder de alguma forma a seu destino com os conceitos miseráveis de sua vida normal e com os modos de ação outrora familiares — e, portanto, fracassar; ou

- entrar em pânico, ou seja, reagir de forma selvagem e desorientada — e assim igualmente fracassar; ou então, por fim,
- (assim como seu pai, que os havia levado a essa situação indizível) tornar-se totalmente desprovidos de reação — e assim, evidentemente, também fracassar.

Uma quarta forma de reação ao monstruoso, supostamente mais adequada, é uma invenção de moralistas que ignoram a realidade humana.

SEIS MILHÕES E UM

POR QUE LHE FALO dessas vítimas indefesas? Para despertar sua compaixão?

Não. Esse sentimento, se você pudesse evocá-lo, não teria efeito algum estando atrasado e, portanto, permanecendo irreal; além disso, a tentativa de se compadecer de seis milhões necessariamente fracassaria, tanto para você como para qualquer um.

O motivo é outro. Porque as palavras sobre essas vítimas são, indiretamente, também palavras sobre você; pois também você está entre os afetados pelo monstruoso; e entre aqueles que falham em reagir ao monstruoso de forma adequada. Já no início eu havia aludido a algo nessa direção, quando lhe pedi que acreditasse em meu respeito ao caráter imerecido de sua desgraça. Mas ali eu ainda não podia declarar quão significativa era sua desgraça para nós, contemporâneos. Por favor, não se assuste, Klaus Eichmann, se agora afirmo que você é um parente desses presos do campo. Não se assuste, pois ser enumerado entre esses miseráveis não é vergonha alguma, como é, na maioria das vezes, a sujeira que grudava neles e provinha somente das botas daqueles que os pisoteavam. E o fato de ser filho de Eichmann, enquanto aqueles homens eram filhos de judeus, não tem importância aqui, pois a sua mãe e a mãe deles são uma e a mesma — todos vocês são filhos de uma mesma *época*. E se essa *época* reparte os destinos que lhe são característicos, ela o faz sem se preocupar com linhas que dividem escalões e frentes que nos parecem tão importantes, e até as diferenças entre quem bate e quem apanha lhe são indiferentes: no que é mais importante, esses destinos se assemelham. Nenhum de nós é livre para escolher de quem gostaríamos de ser diferentes e com quem gostaríamos de ser parecidos.

Você sabe que as vítimas de seu pai, quando chegavam ao campo, recebiam na carne um número, como estigma do monstruoso. Uma vez que aquilo que lhe foi infligido é grande demais para você e ultrapassa toda representação possível e toda reação razoável, também você carrega consigo tal estigma do monstruoso: o número SEIS MILHÕES E UM. E ainda que esse número permaneça também invisível, ainda que não seja marcado a ferro em brasa em sua carne, mas somente em seu destino, o seu número não é menos válido do que os números dos seis milhões e os números até hoje visíveis nos braços daqueles que escaparam.

O SONHO
DAS MÁQUINAS

VOCÊ SE LEMBRARÁ, Klaus Eichmann, do objetivo de todas essas reflexões. Nosso argumento era de que sua vida só se tornará suportável caso você compreenda que sua desgraça não é simplesmente um azar gigantesco. E você só poderá compreender isso se descobrir como esse acontecimento monstruoso, que também contaminou seu destino com monstruosidade, pôde ocorrer ou talvez, até mesmo, teve de ocorrer.

Eu havia anunciado, como principais responsáveis pelo monstruoso, duas raízes. Uma vez que agora sabemos o suficiente sobre a primeira — a "discrepância" —, podemos passar para a segunda: "*o caráter maquinal (ou de aparato) do nosso mundo atual*". Para tanto, não precisamos percorrer um longo caminho, pois as duas raízes da monstruosidade estão intimamente relacionadas. A exposição da "discrepância" mostrou que nossa incapacidade de imaginar os efeitos de nosso fazer como *nossos* efeitos não deve ser atribuída apenas ao tamanho desmesurado desses efeitos, mas igualmente ao desmesurado *caráter mediado* (*Vermitteltheit*) de nossos processos de trabalho e ação. O agravamento da atual *divisão do trabalho* não significa outra coisa senão que nós, enquanto pessoas que trabalham e agem, estamos condenados a nos concentrar em partes minúsculas do processo geral; que estamos tão fechados nas fases de trabalho que nos são designadas quanto prisioneiros em suas celas. Agarramo-nos, enquanto "prisioneiros", à imagem de nosso trabalho especializado. Assim, nos é bloqueada a representação do aparato geral, a imagem de todo o processo de trabalho composto por milhares de fases. E, claro, mais do que nunca, a imagem do efeito geral ao qual serve esse aparato.

No entanto, por mais incontestável que seja essa constatação, ainda não temos com ela a segunda "raiz do monstruoso"; diante de um exame mais preciso, ela se demonstra ainda insuficiente e muito inofensiva. Isso porque a divisão do trabalho e aquilo que acabei de chamar de "detenção na fase"[4] são apenas efeitos secundários, apenas consequência de um processo incomparavelmente mais fundamental e funesto. Somente se prestarmos atenção a esse processo é que a segunda "raiz do monstruoso" vai se tornar clara para nós. O que quero dizer — sei que esta tese soa aventureira — é que *nosso mundo, em sua totalidade, transforma-se hoje em uma máquina; que ele está em vias de se tornar uma máquina.*

---

4. No original, *Phasen-Haft*. Anders estabelece um jogo com o uso de *Haft*, que significa, enquanto substantivo, "detenção" ou "prisão", ao mesmo tempo que -*haft* é um sufixo comum em alemão na formação de adjetivos com base em verbos ou substantivos (por exemplo, *fehlerhaft* [errôneo] ou *beispielhaft* [exemplar], derivados de *Fehler* [erro] e *Beispiel* [exemplo]). [N.T.]

Por que podemos apresentar essa tese exagerada?

Não simplesmente porque há hoje tantos aparatos e máquinas (políticos, administrativos, comerciais ou técnicos) ou porque eles desempenham um papel tão imenso em nosso mundo. Isso não justificaria a caracterização. O decisivo é, antes, algo mais fundamental, que se relaciona com o *princípio das máquinas* — e devemos aqui nos voltar a esse princípio. Nele reside já o estado de coisas no qual o mundo todo se torna uma máquina. Qual é o princípio das máquinas?

Desempenho máximo.

Por isso não podemos conceber as máquinas como coisas particulares insulares, por exemplo, conforme a imagem de pedras que simplesmente estão ali onde estão, que permanecem, portanto, contidas em seus limites físicos de coisa. Uma vez que a *raison d'être* das máquinas consiste no desempenho, ou mesmo no desempenho máximo, elas, isto é, cada uma delas, necessitam de *mundos circundantes*[5] que garantam esse máximo. E elas também conquistam aquilo de que necessitam. Toda máquina é expansionista, para não dizer "imperialista"; cada uma delas cria para si seu próprio *império colonial* de serviços (composto por fornecedores, equipes de serviços, consumidores etc.). E elas exigem desses "impérios coloniais" que se assemelhem a elas (às máquinas); que "joguem seu jogo" (*in die Hand arbeiten*) trabalhando com a mesma perfeição e confiabilidade que elas mesmas; em suma, embora situadas fora

---

5. No original, *Umwelten*, que pode ser traduzido de forma menos técnica como "ambientes". Contudo, como é latente em Anders a referência à trama conceitual do primeiro Heidegger, optou-se por utilizar aqui o termo empregado por Marcia Schuback em sua tradução de *Ser e tempo*. [N.T.]

de sua "pátria mãe", exigem que se tornem — atente-se a esta expressão, ela será para nós um conceito-chave — "*comaquinais*". A máquina original, portanto, expande-se, torna-se uma "megamáquina"; e isso ocorre não só acidental ou eventualmente, caso contrário, quando ela se cansasse, cessaria de contar no império das máquinas. A isso se acrescenta que nenhuma delas pode se saciar definitivamente por meio da incorporação de um reino de serviços que, por maior que seja, será sempre limitado. Antes, vale também para a "megamáquina" aquilo que valia para a máquina original: ela também carece de um mundo exterior, de um "império colonial" que se subordine a ela e que "jogue seu jogo", que trabalhe de forma ótima e com a mesma precisão dela mesma; ela cria esse "império colonial" e o transforma à sua própria imagem, de modo que também ele, por sua vez, transforma-se em máquina. Em suma: não há limites para a autoexpansão, *a fome de acumulação das máquinas é insaciável*. Pode soar trivial afirmar que as máquinas colocam de lado, como desprovidas de valor e nulas, todas aquelas partes de mundo que não se submetem à comaquinização por elas exigidas; ou que elas removem e eliminam como lixo os incapazes de executar o serviço ou os avessos ao trabalho, que desejam simplesmente vadiar por aí e assim ameaçam sabotar a expansão do reino das máquinas. Mas é justamente por parecer banal que precisamos sublinhá-lo de maneira explícita. Pois não há nada mais funesto, nada que tenha garantido com maior segurança a inescrupulosidade (*Gewissenlosigkeit*) do princípio das máquinas do que o fato de que essa inescrupulosidade já tenha se tornado uma trivialidade: o que é considerado trivial passa despercebido; e o que passa despercebido é aceito sem oposição.

É claro que esse processo de comaquinização não ocorre apenas como uma luta das máquinas *contra* o mundo, mas também, ao mesmo tempo, como uma luta *pelo* mundo, ou seja, uma luta concorrencial que as máquinas levam a cabo, ávidas pela presa, *umas contra as outras*. Mas esse fato, o de que as máquinas conduzem sua luta sempre em frente dupla, não anula a clareza do objetivo final. Desde o início, esse objetivo final se chama "*conquista total*", e assim continuará a se chamar. O que as máquinas desejam é um estado de coisas em que não haveria mais nada que não servisse a elas, nada que não fosse "comaquinal", nenhuma "natureza", nenhum dos assim chamados "valores superiores", nem mesmo nós, seres humanos (porquanto seríamos, para elas, somente equipes de serviço ou consumo). Nada, somente elas mesmas.

E mesmo nem sequer *elas*. Com isso chego a meu ponto principal, ao conceito da "*máquina do mundo*". O que quero dizer com isso?

Suponha que as máquinas realmente tivessem conseguido conquistar o mundo completamente, tão completamente como, em uma escala menor, a máquina de Hitler havia conquistado a Alemanha, ou seja, de tal modo que não sobraria mais nada senão elas e seus semelhantes, somente um gigantesco parque de máquinas "sincronizadas". Sob essas condições, o que seriam exemplares singulares de máquinas?

Precisamos levar em consideração duas coisas:

(i) que nenhum desses exemplares poderia funcionar sem forças auxiliares, pois nenhuma máquina, por mais automática que seja, é capaz de pôr a si mesma em movimento e de alimentar-se a partir de si;

(ii) que não haveria nenhuma das forças auxiliares à disposição desses exemplares que não fosse, ela mesma, uma máquina — em suma, todas elas seriam dependentes umas das outras, completamente forçadas a recorrer a seus semelhantes, e vice-versa; cada uma delas precisaria ajudar para que seus semelhantes tivessem o melhor funcionamento possível.

A que levaria essa reciprocidade?

A algo extremamente surpreendente: uma vez que todas funcionariam intimamente engrenadas, os exemplares singulares já não seriam mais "máquinas". E sim o quê?

Peças de máquinas. A saber, peças de uma única e gigantesca "*máquina total*" à qual elas estariam fundidas.

Por sua vez, a que levaria isso? O que seria essa "máquina total"?

Reflitamos novamente: não haveria mais peças que não estivessem incorporadas a ela. Portanto, não haveria mais restos fora dela. Logo, essa "máquina total" seria... o *mundo.*

E assim nos situamos imediatamente diante do objetivo. De fato, não precisamos dar mais um passo sequer para atingi-lo, só é necessário ainda inverter a frase "as máquinas se tornam o mundo". A inversão é: "*o mundo se torna máquina*".

E o mundo como máquina é realmente a situação *técnico-totalitária* à qual nos conduzimos. Aliás, não desde hoje ou ontem, mas desde tempos imemoriais, uma vez que essa tendência decorre do princípio das máquinas, isto é, de seu instinto de autoexpansão. Por essa razão podemos tranquilamente afirmar: o mundo como máquina é o reino quiliasta sonhado por todas as máquinas, desde a primeira delas; e isso está realmente diante de nós, uma vez que esse desenvolvimento entrou, há alguns séculos, em um *accelerando* cada vez mais intenso.

Eu digo: *diante* de nós. Pois nem precisamos dizer que esse "reino" já encontrou sua realização última e integral. Mas também não temos mais o direito de nos consolar com essa concessão. O trecho decisivo do caminho rumo à "máquina do mundo" já ficou atrás de nós. Já atravessamos o Rubicão, isto é, aquele limite antes do qual podíamos fazer a afirmação banal de que "*em*" nosso mundo há também máquinas; a palavrinha "em", assim empregada, já não corresponde a mais nada; e essa palavrinha só se tornaria novamente justificada se nós invertêssemos também aqui nossa afirmação, ou seja, se, ao invés de afirmarmos que as máquinas estão no mundo, disséssemos que ele (enquanto ração ou peça servente) está "na máquina". Mas com isso reconheceríamos, precisamente, que já alcançamos a ribeira do "reino (*Reich*) quiliástico".[6]

6. Por favor, não creia que com esse estado final me refiro simplesmente àquilo que conhecemos usualmente como sistemas "totalitários" ou de "economia planificada". Por mais horrível que seja aquilo que ali é planejado, eles têm até mesmo ainda algo de humano se comparados com o reino do fim maquinal. Ao menos segundo seu programa, nos sistemas socialistas são ainda seres humanos que devem planejar para seres humanos. Ainda que o que afirmo esteja em contradição direta com o palavrório cotidiano, a tendência à "máquina total" é igualmente nefasta, seja nos países de economia expressamente planificada, seja nos países que orgulhosamente fazem esvoaçar o estandarte da liberdade e que incumbem sua maquinaria dos meios de comunicação de massa com a tarefa diária de demonizar a "maquinaria da economia planejada" como escravidão.

NÓS SOMOS FILHOS DE EICHMANN

ASSIM ESTÁ, ENTÃO, NOSSO MUNDO. Como não é possível a nós, seus habitantes, esconder-nos em um quarto vizinho da história ou fugir para uma época utópica pré-técnica, isso significa que, quando nos entregamos a esse desenvolvimento, devemos perder nosso aspecto de seres humanos; e isso na mesma proporção na qual cresce o aspecto maquinal de nosso mundo. O dia em que o reino quiliástico do totalitarismo técnico se realiza não pode mais ser impedido. A partir desse dia, existiremos então somente como peças de máquina ou como peças de material necessário para a máquina: *enquanto* seres humanos, seremos então liquidados. Mas o destino daqueles que oferecem resistência à sua comaquinização, depois do acontecimento de Auschwitz, não é difícil de adivinhar. Eles serão liquidados, não apenas "enquanto" seres humanos, mas efetivamente. (Ou deveríamos talvez dizer o contrário, que justamente *eles* "enquanto seres humanos" serão liquidados; que eles encontrarão seu fim precisamente *porque* terão tentado continuar a viver "*enquanto* seres humanos"?)

A semelhança desse ameaçador reino (*Reich*) técnico--totalitário com aquele monstruoso de ontem é evidente.

É claro que isso soa provocador, pois aceitamos o hábito fofo de enxergar o *Reich* que ficou para trás, isto é, o "terceiro", como fato único, errático, algo atípico para nossa época ou para nosso mundo ocidental. Mas tal costume não serve, obviamente, como argumento; tal visão é mera variação de um olhar esquivo. Uma vez que a técnica é filha nossa, seria tanto covarde como estúpido falar da maldição que lhe é inerente como se ela tivesse acidentalmente entrado em nossa casa pela porta dos fundos. Ela é *nossa* maldição. E, uma vez que o reino das máquinas se acumula, uma vez que a abrangência do mundo de amanhã será global, e o desempenho de seu trabalho, impecável, a maldição está na verdade *diante* de nós. Ou seja, devemos estar preparados para o fato de que o horror do reino por vir deixará longe na sombra aquele *Reich* de ontem. Sem dúvida, se alguma vez nossos filhos ou netos, orgulhosos da perfeição de sua comaquinização, olharem da elevada altura de seu reino quiliástico para o de ontem, o assim chamado "terceiro" — uma vez que este, apesar de seu enorme esforço de se tornar "amanhã o mundo inteiro"[7] e apesar de sua inescrupulosa eliminação dos inutilizáveis, justamente *não* conseguiu se manter —, com certeza lhes parecerá então somente um palco de ensaios provinciano. E eles certamente verão naquilo que ali ocorreu não mais que um ensaio geral do totalitarismo, adornado de uma ideologia patética, que se julgou capaz de se antecipar à história do mundo.[8]

7. Referência aos versos da canção de Hans Baumann que se tornou célebre durante o Terceiro *Reich*: "*Heute gehört uns Deutschland/ Und morgen die ganze Welt*" [Hoje nos pertence a Alemanha/ E amanhã o mundo inteiro]. [N.T.]
8. Nem você acreditará que essa visão da maquinaria ainda mais perfeita de amanhã faça parecer menos horríveis os fornos de Auschwitz

É claro que ainda não chegamos tão longe. Seria ainda muito cedo para afirmar que hoje já encarnamos completamente o papel de peças de máquina, matéria-prima ou dejeto virtual; ou que nos obrigam a observar nossos semelhantes somente nesses papéis e a tratá-los somente enquanto portadores desses papéis; ou que aqueles que resistem sejam tratados como nada ou aniquilados. A noite ainda não chegou para todos os dias. Mas já é tarde demais para contestar que estamos avançando em direção a essa "noite", ou melhor, em direção ao amanhecer do totalitarismo maquinal; que já nos encontramos em seu campo de gravitação; que, a cada dia, essas afirmações *se tornam* mais verdadeiras. "Tendências" são também fatos. Um único exemplo basta para demonstrar isso.

O *armamento atômico* atual. Ora, o que ele significa?

Que, com toda a naturalidade, milhões entre nós são empregados para ajudar a preparar a possível liquidação de populações, talvez até mesmo de toda a humanidade, e também para ajudar a executá-la em "caso de emergência"; e que esses milhões aceitam e realizam esses "*jobs*" também com a mesma naturalidade com a qual lhes são oferecidos ou atribuídos. A situação de hoje se assemelha à de então da forma mais terrível. Aquilo que era válido ontem, o fato de que os empregados conscienciosamente executavam suas funções

- ◆ porque não enxergavam em si mesmos nada mais que peças de uma máquina;

◇◇◇

ou Maidanek. O perigo de que talvez centenas de milhões sejam depois aniquilados não apresenta nenhuma circunstância atenuadora para a aniquilação dos seis milhões. Nem mesmo uma calculadora poderia afirmar que um crime perde algo de sua monstruosidade pela possibilidade de sua intensificação.

- porque compreendiam erradamente a existência dessa máquina e seu bom funcionamento como sua justificação;
- porque permaneceram "prisioneiros" de suas tarefas especializadas, portanto, separados, por vários muros, do efeito final;
- porque a enormidade desse efeito os tornou incapazes de imaginá-lo, e o caráter indireto de seu trabalho os tornou incapazes de perceber as massas de seres humanos que eles ajudaram a liquidar;
- ou porque eles, como seu pai, se aproveitaram dessa incapacidade;

tudo isso ainda é válido hoje. E é válido também hoje — e somente isso torna completa a semelhança da situação atual com a de então — que até mesmo aqueles que resistem a tal participação ou desaconselham os outros a participarem tornam-se já suspeitos de alta traição.

Tanto faz se ainda ou outra vez — tudo isso é válido, portanto, também hoje.

Você percebe algo, Klaus Eichmann? Percebe que o assim chamado "problema Eichmann" não é um problema de ontem? Que ele não pertence ao passado? Que não há absolutamente motivo algum para nós — e aí posso excluir apenas uns poucos — olharmos o passado com presunção? Que todos nós, assim como você, somos confrontados por algo que nos é grande demais? Que, diante disso, todos nós afastamos o pensamento sobre o grande demais e sobre nossa ausência de liberdade? Que, portanto, *todos nós* somos *igualmente filhos de Eichmann*? Ou ao menos filhos do *mundo de Eichmann*?

O NOVO PAI É
O VELHO

MAS A SEMELHANÇA ENTRE você e nós vai ainda mais longe. Você se recordará de que, no início de minha carta, eu o lembrei do pior instante de sua vida, do momento no qual você teve de saber que seu novo pai, o homem que lá nos Estados Unidos fizera o papel de pai, e que por meio dessa presença nos anos do convívio familiar apagara completamente a imagem já borrada de seu primeiro pai, não era outro senão o mesmo primeiro pai. Ao escrever essas palavras, não posso afirmar que me fosse claro o pleno significado desse instante. Eu havia pensado muito mais em falar de uma experiência bastante especial, de uma experiência que somente *você* teve; e supostamente também *você* não imaginou outra coisa ali. Mas nós dois estávamos errados. Agora fica claro que essa sua experiência faz parte daquelas coisas pelas quais você é, para nós, um *símbolo*: que também nós temos, ou ao menos deveríamos ter, uma experiência bastante parecida. Pois *também nós* vivemos as últimas duas décadas acreditando que o mundo monstruoso de ontem, do qual nos originamos, havia ficado para trás e sido substituído por outro. *Também nós* precisamos constatar que fomos vítimas de um delírio: aquilo que para nós "fez o papel de pai" é idêntico ao "pai" que há duas décadas havia imperado. Ou, dito de outro modo: o monstruoso não simplesmente "foi", mas foi uma introdução; Auschwitz estampou o selo de nossa época, e o que ocorreu ali poderia, todos os dias, se repetir. Depois das considerações que fizemos, é claro a você que eu não quero, com esse prognóstico, simplesmente afirmar que esse ou aquele governo seja suspeito de intenções totalitárias secretas, ou que esse ou aquele governo seja de fato totalitário, e por isso reconheceríamos como provável que ele não temeria algo como Auschwitz. Se fosse *somente* isso, então nós até poderíamos suspirar de alívio, ainda que soe cínico; o perigo em questão seria então somente de natureza particular. Você sabe que o que tenho em vista é muito mais geral e funesto. Se falo de perigo, não é porque aqui ou ali sente-se o cheiro de totalitarismo político, mas porque se aproxima de nós por toda parte o *totalitarismo técnico*, diante do qual o totalitarismo político é apenas um fenômeno secundário. Em suma: o que tenho em vista é que o nosso mundo, como um todo, se dirige ao "reino quiliástico da máquina"; e que, por meio desse processo, nossa metamorfose em peças de máquina avança de forma desimpedida. Se essa tese estiver correta, se for verdade que aumenta a cada dia a pressão provocada pelo processo de maquinização e que a cada dia se aproxima a época de dominação da "máquina total", então obviamente não se pode dizer que os dias do monstruoso ficaram para trás. E não é menos insuficiente, então, a assunção complacente com o pecado (válida hoje como mérito moral) de que também nós ainda não saímos completamente do mal, ao menos não todos nós, e talvez também ainda estaríamos expostos à tentação de cooperar com o monstruoso ou ao perigo de sofrer com ele. Isso não é somente insuficiente, é também um engodo ornamental vaidoso. Pois o que significa "*também nós*"? Ou mesmo "*também nós ainda*"? Somos então os raros e últimos atrasados da era da máquina, ainda não totalmente desinfetados das monstruosidades de ontem? Não, pelo contrário. Se ontem ocorreu o monstruoso, não foi porque ele *ainda* existia, mas, pelo contrário, porque *já* existia, ou seja, porque *os de ontem foram os precursores do nosso mundo monstruoso de hoje e de amanhã*. Pois é incontestável que a maquinização do mundo, e com ela a nossa comaquinização, desde ontem avançou da forma mais terrível. Isso quer dizer também, mesmo que hoje dominem o soberbo silêncio e a soberba alegria da cultura, que nós estamos sob a ameaça, em um nível muito mais alto do que ontem, de nos tornarmos cúmplices ou vítimas das máquinas. Não nos deixemos ser embalados pela calma atual. Ela é enganosa. É uma calmaria entre duas tempestades, um sono que o mundo monstruoso se permite entre as monstruosidades de ontem e de amanhã. Amanhã a tempestade já poderá irromper novamente. E depois de amanhã poderá outra vez ocorrer que nós, caso pareça oportuno à máquina, sejamos novamente empregados como suas equipes de serviço ou como vítimas de seus objetivos de extermínio. Em todos os casos, é claro, como vítimas.

Não, não nos iludamos, Klaus Eichmann. Por mais inofensivas que pareçam as máscaras de nossos "segundos pais" — e muitas dessas máscaras mostram até mesmo o largo e bondoso sorriso dos pais do bem-estar —, o rosto que se esconde por trás delas é e permanece sendo o velho rosto de nosso primeiro pai. O rosto monstruoso. O que certamente não significa que os portadores de máscaras de hoje sejam todos hipócritas e farsantes. Pode-se até mesmo dizer que a maioria deles, pelo contrário, nunca viu no espelho seu verdadeiro rosto; que eles são convencidos de que aquele é idêntico ao rosto que lhes foi imposto e de que não possuem outro. Mas isso não melhora a situação; ao contrário, torna-a completamente ruim. Não há nada pior do que o fato de também os donos do poder serem vítimas das ideologias, e não somente os despossuídos. E nada é mais funesto do que o fato de que a regra "o agir permanece desconhecido para o ator" seja válida também para aqueles que codirigem a desgraça desde seus mais altos postos de comando — e não somente para nós, os milhões de pessoas que são dirigidos para a desgraça.

Veja, Klaus Eichmann: o que ocorreu a você ocorre também a nós. *Como você*, também depositamos confiança em nossos "segundos pais". E, *como você*, também demos retrospectivamente, sem perceber, um voto de confiança ao nosso primeiro pai. *Como você*. Faltam-lhe argumentos ainda mais fortes para que se convença de que *você é um de nós*?

A CHANCE

COMO LHE SOA TUDO ISSO, Klaus Eichmann? Certamente você se negará a responder: "consolador". E não injustamente. A compreensão de não estar só e de não ser o único a estar sob uma maldição e a consciência de, ao sair da própria caverna, não estar ao ar livre, mas entrar em uma outra, a caverna de nossa miséria, não podem trazer consolo. Não obstante, adentrar essa caverna bem mais vasta e encontrar ali os membros de sua proliferada família Eichmann — os milhões de pessoas dos quais a todo momento era possível exigir algo semelhante ao que se exigiu de seu pai, e aos quais a todo momento poderia ocorrer algo similar ao que ocorreu com você, a saber, tornarem-se verdadeiros filhos de Eichmann — isso é, todavia, melhor do que se enfurnar na estreiteza de sua própria miséria. Por quê? Com essa pergunta, chego a minha consideração final.

Talvez também você tenha escutado que, nessa "caverna" maior — digamos tranquilamente: em quase todos os países da Terra —, há um movimento de pessoas que lutam contra o princípio de Eichmann em nosso mundo. É o movimento dos adversários do armamento nuclear. (É supérfluo acrescentar que para esse armamento vale também o que acabamos de revelar sobre as maquinarias em geral: uma vez presente, continua a se acumular sem se preocupar com seus efeitos inimagináveis; a história das últimas duas décadas foi, em larga medida, uma história dessa acumulação.)

Ora, pessoas de todos os países e camadas sociais aderiram a esse movimento contra a ameaça nuclear: tanto padres britânicos como cientistas russos, tanto japoneses como alemães, tanto estudantes como operários — todas as diferenciações e linhas de separação de ontem tornaram-se já irrelevantes. O importante é que se compreendeu o que hoje está em jogo: uma repetição atual do que ocorreu há vinte anos poderia transformar o mundo inteiro em um campo de extermínio; e essa catástrofe, que está plenamente no campo da possibilidade, caso possa ser impedida, só poderá ser evitada se todos aqueles que amanhã estariam entre os liquidadores ou entre os liquidados se opuserem apaixonada e decididamente contra esse desenvolvimento. Nenhum de nós esquece Auschwitz ou Hiroshima. Entretanto, não é a ânsia de vingança que surge de nossa boa memória, mas o discernimento do que significaria a repetição. Por esse motivo, podemos afirmar com tranquilidade que o movimento, ainda que composto somente de alguns milhões de pessoas e, portanto, de uma fração da população humana, é representativo para a humanidade como um todo; representativo certamente para a *causa* da humanidade, ou seja, sua sobrevivência.

Aqui está então minha sugestão, Klaus Eichmann. Creio até mesmo que essa sugestão possa se tornar para você — não me atrevi a pronunciar uma vez sequer essa palavra nas muitas páginas desta carta — uma *chance*.

Ao menos uma vez, Klaus Eichmann, imagine o que significaria se *você* se vinculasse a esse movimento contra o extermínio da humanidade; se você, que experimentou no próprio corpo o que é ser um filho de Eichmann, se dirigisse aos outros filhos de Eichmann como alguém que dá um alerta. Em um primeiro momento você afastará essa ideia. "Um Eichmann pela paz?", talvez pense você, "para me expor ao riso?" *Quem* riria, Klaus Eichmann? Quem, senão os piores? E mesmo que você tenha razão, mesmo que existam essas pessoas ruins — e provavelmente existem —, deveria você fazer caso *delas*? Não, a única resposta válida, e sobretudo a única resposta válida a esses zombadores, seria: "*Justamente* um Eichmann!". Minha ideia não é, de maneira nenhuma, tão absurda. Pois já *há* exemplos. Já ocorreu de antigos "filhos de Eichmann", homens que participaram das monstruosidades de ontem, que compreenderam que aquilo que ocorreu uma vez não pode, sob nenhuma circunstância, ocorrer novamente, virem para o nosso movimento. Por que lhe faltaria a coragem que tiveram esses homens, a coragem para dar esse passo? Imagine o que seria essa chance, e não apenas para você, mas também para nós — e isso significa: para todos —, se você tomasse essa decisão. Para você, porque sairia de uma vez por todas do círculo infernal de sua origem e se livraria da mácula que imerecidamente carrega. Uma vez que você — ressaltei desde o começo — não mereceu essa mácula, obviamente ninguém tem tampouco o direito de, por escárnio, privá-lo de apagá-la. Mas, por outro lado, você também não teria o direito de, por medo desses zombadores, deixar de dar um passo que, em silêncio, aprovaria. E isso tanto menos, pois a contribuição que você poderia dar seria bem mais significativa do que as contribuições que os melhores de nós podem dar. Com isso quero dizer que, perto de nós, que somos filhos de Eichmann exclusivamente em sentido figurado, você ocupa uma posição especial; você é um momento do horror; o mundo, caso o alarme sobre o mundo de Eichmann viesse de sua boca, da boca de um verdadeiro filho de Eichmann, escutaria prendendo a respiração e daria mais crédito àquilo que você dissesse do que ao que saísse de nossa boca. A maldição sob a qual você viveu até hoje poderia então converter-se em bênção.

Era isso, Klaus Eichmann, que eu queria lhe dizer no fim. Você tem uma chance. Certamente, só essa. Mas essa "uma chance" é grande. Pense bem se você quer perder essa única grande chance de sua vida.

Seu,
Günther Anders

P.S.

EU HAVIA ESCRITO ESSAS páginas imediatamente após a morte de seu pai. Sob a impressão imediata desse acontecimento. Se as segurei por tanto tempo, foi porque quis ganhar distância delas e estar plenamente seguro de ter encontrado o tom correto. Você deveria compreender a carta realmente como um aceno sobre um campo de cinzas. E quem sabe poder até mesmo acenar de volta.

Hoje temo que minhas esperanças, na época, tenham me iludido. Agora creio até mesmo que jamais poderei encontrar o tom correto para você. Apesar disso, levo hoje a carta ao correio. Por quê?

Não apesar disso. Mas justamente por isso.

Hoje de manhã li em um jornal uma notícia sobre você. Uma notícia sobre uma maldade sua. Não, talvez sobre a pior das maldades que poderia ser atribuída a você, a saber: que você (na verdade, há tempos, justamente logo após a morte de seu pai) teria dado uma declaração. E agora nós precisamos saber, claro, se essa notícia é verdadeira, ou se podemos nos opor a ela.

Você sabe a que me refiro. Porque se você tiver pronunciado as palavras que colocaram em sua boca, não as terá esquecido. Mas, caso não tenha feito isso, então essa falsa notícia *terá chegado* até você. O que você supostamente disse?

Que o futuro corrigirá e limpará o conceito de justiça jogado na lama pelo julgamento de seu pai; que a decisão do tribunal não representa outra coisa senão uma prova a mais do triunfo do dinheiro judaico.

Lama.

Quem, Klaus Eichmann, foi jogado na lama por quem?

Justiça.

Quem, Klaus Eichmann, escarneceu dessa palavra?

Limpeza.

O que, Klaus Eichmann, jamais poderá ser limpo?

Dinheiro judaico.

Eu falo de seis milhões.

Veja você: já não posso mais manter o tom que havia adotado por respeito ao caráter imerecido de seu destino e que era natural para mim. Agora devo perguntar de forma mais direta:

Você deu essa declaração ou não?

Você a mantém ou não?

Se você a fez: você a revogou ou não?

Se não a fez: você a desmentiu ou não?

Essas perguntas exigem respostas igualmente diretas. E essas respostas não são somente exigidas por nossa causa (embora para nós também seja de grande importância saber o que devemos esperar dos filhos dos Eichmanns), mas sobretudo no que diz respeito a *você*.

Pois, se a notícia *não* for correta — o que julgo altamente possível —, então não podemos hesitar por um momento sequer em "limpar" essa "lama" terrível. Há de fato muitas possibilidades: talvez a notícia tenha sido simplesmente uma mentira. Talvez você tenha dito algo, mas suas palavras foram outras. Talvez essas duas frases, em sua viagem pela imprensa sensacionalista, tenham sido deformadas até se tornarem irreconhecíveis. Talvez você tenha caído na armadilha de um provocador, e ele tenha feito circular como uma posição programática sua aquilo que, em um primeiro momento, você havia dito de forma descontrolada.

Mas, mesmo assumindo que você realmente tenha dado a declaração, e até de forma voluntária, de fato não seria a primeira vez que uma maldade teria surgido graças a um orgulho mal compreendido, à piedade desorientada ou a outros bons impulsos desencaminhados. Assim, eu poderia, por exemplo, imaginar que você, anestesiado pelo acontecimento e confundindo teimosia com sentimento de honra, hombridade ou dignidade, teria concebido a ideia de distanciar-se publicamente de seu pai como covardia ou mesmo traição; que você realmente tenha se sentido impulsionado a expressar, de forma inequívoca, que sentia sua honra ferida e que não era sua intenção abandonar o homem, que fora seu pai, depois de sua morte e difamação. Poderia ter começado assim e o resto teria seguido de forma automática. É totalmente imaginável que, por meio de sua declaração, você tenha sido colocado em uma situação da qual acabou sendo vítima. Pois nada é mais difícil que, depois de ter dito algo, não sentir aquilo que foi dito — isso é incomparavelmente mais difícil do que dizer aquilo que se sente. Há milhares de pessoas que continuam a viver como se, devido a uma palavra pronunciada algum dia e alguma vez, elas tivessem "dado sua palavra", e que chamam essa servidão até mesmo de "caráter". Essa é a situação na qual também você poderia se encontrar. Ou talvez você de fato até *seja* solidário com seu pai e também se *sinta* solidário com ele — mas justamente só *porque você* expressou, certa vez, sua solidariedade em palavras.

Eu poderia também certamente imaginar (afinal já se passou mais de um ano do dia de sua declaração, tempo suficiente para refletir ou se horrorizar) que você de fato pressinta algo: que o horrível comece a inspirar também em você um primeiro sentimento de horror. Mas que a irrupção do terror decisivo e do discernimento que poderia colocá-lo em marcha ainda hoje careça de tempo; que também sua força hoje ainda não seja suficiente para reconhecer os sinais que anunciam essa mudança de posição, ou mesmo para que ela possa irromper — em suma, que você queira finalmente ter sua paz, pois a ideia de se retratar é tão insuportável quanto pensar *naquilo* que exige sua retratação.

Se for esse o caso, Klaus Eichmann, acredite em mim: essas duas "coisas insuportáveis" não podem ser colocadas no mesmo saco. *Só é realmente insuportável o que é realmente irretratável.* Aquilo que aconteceu nas mãos de seu pai, isso sim é realmente insuportável. Não apenas porque os liquidados não poderão jamais ser chamados de volta, mas também porque o fato de que algo assim foi uma vez *possível* não pode mais ser eliminado do mundo e persiste como possibilidade irrevogável. Mas não é algo assim o que lhe concerne. A chance de apagar aquelas suas palavras não lhe foi tirada. Não se pode dizer que as portas se trancaram atrás de você de forma tão definitiva como foram, para as vítimas do campo, trancadas as portas das câmaras de gás. Justamente por isso não se pode falar de algo insuportável. Você se tornaria insuportável, tanto para você mesmo como para nós, apenas no momento em que expressamente confirmasse sua declaração ou se negasse a desdizê-la. Nesse caso, certamente. Mas isso depende de você.

Isso não significa, é claro, que as dificuldades para tal mudança de posição sejam pequenas. *Todos* nós sabemos muito bem que isso exige grande coragem, e também uma coragem bastante diversificada: coragem diante do próprio passado, da própria piedade, da própria teimosia, da própria vaidade, do escárnio dos cúmplices de ontem. Essa seria uma coragem, diferentemente da célebre "coragem diante do inimigo", que não seria trombeteada em sua orelha por ninguém, uma coragem que você teria de criar sozinho. Mas não temos razão nenhuma para supor que lhe falte coragem. Por isso, aguardamos.

E aguardamos não só sua mudança de posição. Pois uma retratação envergonhada, que ocorresse por trás do palco, somente em sua "interioridade", e que ao mesmo tempo não interpelasse os outros, permaneceria totalmente irreal. O que se exige é muito mais uma retratação pública, uma segunda declaração que igualmente nos alcançasse, tal como sua primeira declaração nos alcançou. Não preciso lhe explicar por que isso é necessário. Você sabe quantos filhos de Eichmann veem em você o representante deles, de certo modo como o *"príncipe herdeiro do mal"*; eles recebem o veneno de sua declaração plenos de satisfação e vão espirrá-lo adiante com prazer. Você deve impedir que isso aconteça. E isso você consegue. Justamente por você ser considerado um representante, há poder em suas mãos, um poder cujo tamanho você não precisa subestimar. (Caso você venha a subestimá-lo por ser — o que é bastante raro — um poder para o bem, ou ao menos que poderia ser utilizado para o bem, acredite em mim, Klaus Eichmann: o bem não é *tão* vergonhoso, assim como o mal não é *tão* imponente.)

Por fim, mais algumas palavras sobre o papel que teria o êxito de um passo como esse. Vou me poupar de palavras solenes. Entretanto, perante o risco de que você tome alguém que fale de sentimentos por um molenga, posso tranquilamente lhe revelar que o dia no qual viermos a saber que há alguém que quebrou o círculo infernal, alguém que não precisamos mais desprezar, alguém que poderemos até respeitar, em suma, que há *um Eichmann a menos* — esse dia, para nós, não será um dia comum. Pois "um Eichmann a menos" não significaria um homem a menos, mas um homem a mais; e não significaria que um homem foi liquidado, mas que um homem voltou. Ou, nas palavras de alguém maior: "teu irmão estava morto e voltou à vida, estava perdido e foi achado" (Lucas, 15:32).

É certo que seria totalmente diferente, tanto para você quanto para nós, se você definitivamente decidisse permanecer mudo e paralisado, ou seja, reconhecer de uma vez por todas a ditadura daquilo que você pronunciou uma vez; se você permanecesse fiel à sua palavra, fosse ela verdadeira ou falsa, boa ou má, com a mesma obstinação com a qual seu pai permaneceu fiel à palavra dada ao *Führer*. Nesse caso, teríamos de dar os pêsames não só a você, como havíamos feito no começo, mas também a nós mesmos: e isso porque você *existe*. Com essa rigidez, você demonstraria ser não apenas aquele ao qual havíamos nos dirigido no início; não apenas o homem infeliz que deve andar por aí imerecidamente sendo *filho de Eichmann*, mas algo ainda pior: *um verdadeiro Eichmann*;

quando não algo pior ainda: *o Eichmann*. Sim: *o*. Para a declaração de seu pai ainda eram imagináveis argumentos, argumentos esfarrapados e inúteis para salvar sua honra, mas ainda assim argumentos. "Em sua defesa" haviam podido apelar ainda à "conjunção" extraordinariamente favorável de sua total fraqueza com o aparato de terror total. Pôde-se dizer que, para esse aparato, não houve nada mais fácil que o homem que gostava tanto de obedecer; não, que era até mesmo incapaz de não obedecer; não, que até mesmo via sua honra na desonra da obediência cega — nada mais fácil que fisgar esse homem, integrá-lo, liquidar suas inibições e fazê-lo crer na correção de todas as funções possíveis. Em suma: seria possível ainda até dizer, "em defesa" de seu pai, que ele, em tudo o que fez, fora conduzido por essa máquina e que os contornos de seus atos se dissolviam nos princípios do sistema no qual decorriam.

Nada semelhante ao seu caso. *Você* não pode se eximir apelando a um aparato de terror pelo qual teria sido fisgado, integrado e conduzido. Por mais total que seja aquela "máquina do mundo" da qual havíamos falado — a máquina que nos coage, a nós, contemporâneos, a funcionar como peças de máquinas —, não se pode dizer que ela alicia ou mesmo obriga você a se expressar tal como se expressou. Pelo contrário, o que se mostrou foi que essa máquina, preocupada com sua boa reputação e seu funcionamento impecável, tem como seu mais alto valor parecer pertencer a uma classe totalmente diferente da máquina de seu pai, e por isso distancia-se dela da forma mais enérgica. A chance de dizer a verdade sobre seu pai não foi tirada de nenhum de nós, contemporâneos, tampouco de você, independentemente de quão duvidosos sejam os motivos daqueles que nos concedem essa liberdade. Se você abdicar dessa chance da verdade, ou mesmo preferir expressamente desprezar o julgamento feito sobre ele, você o faz como um indivíduo, por sua conta e risco. O que ainda poderia ser dito sobre a natureza de seu pai, que ela teria se dissolvido nos traços do mundo em que apareceu, isso não vale para você. Os argumentos que se acreditava ainda poder usar para seu pai perderiam também, em seu caso, a última aparência de legitimidade. Reflita, Klaus Eichmann, sobre o que isso significaria. E não somente para você. Talvez um dia também você tenha um filho. Como *ele* será diante do pai? Estará ele então na situação de falar por você assim como você tenta falar por seu pai? Ele ainda poderá pensar em justificativas para você? Quais? Não, a ele não sobrará nada senão simplesmente reconhecer sua maldade, envergonhar-se de você ou odiá-lo, porque você o terá obrigado a carregar o peso de ser o terceiro Eichmann. Tem de ser assim? Tem de continuar assim? Ou talvez seja melhor cortar desde já essa corrente? E poupar a ele e aos filhos dele dessa maldição?

Eu sei: essa exigência de infidelidade, a advertência "afaste-se de seu pai", soa horrível e desumana. Mas esse caráter desumano não é *nossa* culpa. É muito mais a consequência de uma situação que, sem a sua e a nossa culpa, é tão carregada de culpa que nela qualquer outro conselho seria ainda mais desumano. Mas, se você conseguir afastar de si todos os preconceitos e seguir essa exigência de infidelidade, então seu passo pode se tornar um ato de fidelidade: fidelidade aos que estão por vir. Não vale também a pena?

G. A.

SEGUNDA CARTA A KLAUS EICHMANN: CONTRA A INDIFERENÇA

ABRIL DE 1988

Passaram-se já 25 anos, Klaus Eichmann, desde que me dirigi a você pela primeira vez, infelizmente em vão. Nesse meio-tempo, você se tornou um homem adulto, e talvez o destinatário de minha carta já não seja em nada idêntico àquele rapaz de então; talvez hoje eu deva lhe tratar por "senhor Eichmann" — no que eu certamente hesito, pois esse tratamento civilizado e inofensivo seria bem pouco adequado perante o que quero lhe falar hoje.

É possível que o tom desta segunda carta soe menos cordial que o da anterior. Afinal, outrora eu tinha diante de mim alguém ainda não de todo adulto, alguém que, assim eu esperava, ainda fosse modelável; e eu mesmo estava em plena posse de minhas forças. Você, agora, tornou-se um adulto pleno, enquanto eu me tornei um homem bastante velho, cuja voz talvez possa entrar somente em seus ouvidos, não mais em seu coração. E a mudança de tom, por fim, tem a ver com o fato de que você não se dignou a responder diretamente, na época, a minha primeira carta. Esse "Não", de lá para cá, não se empalideceu, ele antes se transformou há tempos em um

"Nunca", do qual você — isso faz parte desse "Nunca" — não mais se lembrará; um "Nunca" que eu, ao contrário, percebo diariamente, uma vez que, de lá para cá, e isso talvez você saiba sem que eu lhe diga, o número de filhos de Eichmann surdos ou que se fazem de surdos cresceu terrivelmente e continua a crescer a cada dia.

Eu não sei onde você está neste momento, nem qual é sua atividade; não, eu nem sequer sei se você está vivo entre nós, algo que eu naturalmente desejo, visto que, ao contrário dos "Eichmanns", nenhuma morte humana me deixa indiferente. Espero, portanto, que também esta segunda carta de algum modo lhe alcance. E que você, agora que a idade o aproxima de mim, retrospectivamente compreenda que minha carta de então (e tampouco a de hoje) não era uma intromissão indiscreta em sua esfera privada. O termo plural *"filhos de Eichmann"*, o qual eu havia empregado, poderia já lhe tornar claro que eu havia me referido a você somente como um *exemplo* tanto infeliz quanto importante; e que na época eu havia falado de um destino sobre o qual você não podia fazer nada. E eu me referi a esse "não poder fazer nada" em três sentidos:

(i) você não tinha culpa pela situação do mundo que havia transformado seu pai em um monstro burocrático e

(ii) você não era responsável por seu pai; portanto, o princípio da "responsabilidade hereditária" (*Sippenhaft*), que ele adotou sem pensar, assim como todos os outros princípios nazistas, não podia ser aplicado a você, como tampouco podia ser aplicado a nós. Depois que eu lhe sugeri que se afastasse de seu pai, em meio à total desorientação moral na qual você compreensivamente caiu, é certo que você tenha entrado para o clã (*Sippe*). Não por responsabilidade hereditária, é claro. Mas justamente por algo análogo: *por total lealdade ao clã* (*Sippenloyalität*); *não por coculpabilidade, mas por coinocência.* Isto é: você, certamente inocente, declarou à época estar de acordo com seu pai, apesar de seu horrível envolvimento, que eu havia trazido para diante de seus olhos; possivelmente para, por meio dessa lealdade filial — uma tentativa absurda —, torná-lo *coinocente.* (Mas é claro que a sua inocência não é contagiosa, menos ainda então retrospectivamente contagiosa.) E você, invertendo os termos, chegou até mesmo a defendê-lo como *vítima*, como vítima daqueles que foram as vítimas dele; ou daqueles que por acaso escaparam, dos parentes e amigos das vítimas de seu pai. Pode soar terrível, Klaus Eichmann (soa terrível também a meus ouvidos), mas também hoje, depois de 25 anos, preciso repetir o que eu à época havia exigido, formulando de forma mais suave:

A verdade deve triunfar sobre os tabus,
sobre todos os tabus.
Ou seja, também sobre o caráter inatacável
dos pais.

O mandamento — aliás, um mandamento judaico arcaico, que também você aprendeu na infância — "Tu deves honrar teu pai e tua mãe" não é válido sob todas as circunstâncias. Não o é se eles são ou foram ignóbeis. Você pode, melancolicamente, pensar neles ou em sua ignomínia — isso sim. Mas honrá-los ou, porque foram seus pais, defendê-los — isso não. Possivelmente você chama isso de "sujar o próprio ninho". Contudo, quem diz não à sujeira do próprio ninho não o suja, e sim o limpa.

Esse era o segundo ponto. O terceiro se refere à sua reação de total incompreensão à minha carta, para dizer da forma mais cortês, sobre a qual só sei indiretamente. Mas o próprio fato de que você pessoalmente *não* me respondeu demonstra sua incompreensão. Você poderia ter reconhecido que eu não havia trazido meus argumentos como acusações pessoais, que eu havia empregado a expressão "Nós, filhos de Eichmann" de modo a deixar claro que *havia me dirigido e me referido a você como um de nós*; e a todos nós, sem exceção, como seres humanos iguais a você, enquanto seres aos quais poderia ocorrer algo semelhante ao que ocorreu a seu pai: igualmente participar do horror, pois nós tampouco realmente o imaginamos, e por isso

"não sabemos o que fazemos".

Essa expressão você certamente viu na escola, ela está no Evangelho de Lucas; é uma expressão de Jesus que, diante de nossa situação eichmanniana, não pode mais ser válida em seu sentido original. Jesus pediu a Deus pelo perdão dos pecados de seus semelhantes fundamentando-se na ignorância deles. *Hoje, ao contrário, o não saber* (do que poderíamos saber, ou melhor, do que de modo algum não podemos não saber) *é o próprio erro*. Isso é válido sobretudo quando nós (o que concerne a seu pai e certamente também a você há 25 anos) recusamos expressamente saber o que fazemos; ou mesmo quando nos recusamos a realmente saber aquilo que, no fundo, pressentimos.

O termo "recalcar" (*Verdrängen*), na acepção de Freud, já diz algo semelhante. Mas ainda não toda a verdade de hoje. Pois o "recalcar" é tão ignóbil quanto o "recalcado"; e recalcar opera não somente depois do ato, mas no próprio agir, durante o agir, não: antes do agir, justamente como sua precondição — isso ainda não se poderia saber na época de Freud, e talvez ainda não fosse necessário sabê-lo. Hoje isso deve ser certamente central. Também seu pai deveria ter reconhecido e pronunciado isso no processo de Jerusalém. Isso sem falar de você, no ano de 1988.

Ora, senhor Eichmann, hoje você é um homem adulto, que talvez tenha relaxado sua teimosia juvenil e talvez tenha também superado o medo de ser "infiel" a seu pai (agora morto já há um quarto de século e convertido em um estranho). Se você tiver conseguido dar esse passo, como espero, então ele seria hoje ainda mais necessário do que antes — e com isso entro em mais um dos motivos desta minha segunda carta. Pois nesse meio tempo, na República Federal da Alemanha e na Áustria, ou seja, na grande área do antigo território nazista, a mentalidade político-moral mudou de modo radical e, mais exatamente, ela *regrediu*, e de uma forma tão radical como ninguém poderia ter previsto há 25 anos. Tampouco você. De fato, você teria todos os motivos, caso seja ainda a mesma pessoa de então, para triunfar. De lá para cá você encontrou, ou melhor, *conquistou* um grande número de aliados. Quero dizer que os homens aos quais me refiro *não são velhos nazistas*, colegas de seu pai, *mas também*, e sobretudo, *novos nazistas*; e mesmo que não sejam nazistas que agem estritamente no estilo nacional-socialista, são homens que, retrospectivamente, minimizam "Auschwitz", que até mesmo o negam e o ridicularizam. De quem estou falando?

Das centenas de milhares de contemporâneos que não viveram à época de seu pai, ou que ainda eram crianças naquela época e que, agora, em parte por covardia, em parte por orgulho nacional distorcido (por indignação ou vergonha do fato de que se "exige" deles que se envergonhem de uma parte do passado "deles", ou ao menos que dela se distanciem), negam-se, 45 anos depois, a imaginar e acreditar nos terríveis feitos de seus pais; ou que se referem a esses feitos (o que obviamente equivale a uma concessão muda) como *"não tão inusuais historicamente"*; ou que, por fim — pois a lógica lhes é indiferente —, defendem essa ou aquela versão, conforme a ocasião; por exemplo, às sete da manhã *negam* Auschwitz, para depois, às sete da noite, *minimizarem* Auschwitz como *"um caso entre outros"* por meio da comparação com banhos de sangue causados por outros povos em séculos passados, de modo a, como dito, indiretamente reconhecer o fato.

Falo daqueles contemporâneos alemães e austríacos que convencem uns aos outros e a si mesmos de que nosso pedido de não esquecer o acontecido (para que ele não se repita) não é outra coisa senão a acusação indireta de uma *"culpa coletiva"*. Ora, *esse termo é completamente sem sentido*. Ele pode ter sido empregado imediatamente após o fim da guerra, quando se tomou conhecimento do extermínio de massas maquinal; e quando se tornou evidente que não podia haver nenhum alemão que não soubesse nada disso; e quando a elaboração teórica e o esclarecimento do ocorrido não podiam ter iniciado e funcionado bem; ou seja, quando essa expressão infeliz foi usada, há mais de quarenta anos, nos Estados Unidos. Mas por volta de 1950 ela já não estava na boca de nenhuma pessoa séria: nenhum dos que choravam seus mortos, nenhum autor, historiador ou político sério. A sobrevivência desse termo é, como você verá, senhor Eichmann, um caso bastante peculiar. *Não é através de nós que esse termo sobrevive*; nós o julgamos até mesmo sem sentido, embora todos nós, como já lhe escrevi há 25 anos, corramos o perigo de, "coletivamente", agir como "Eichmanns", ou seja, se assim preferir, de mergulhar em uma "culpa coletiva". Mas nós, que fomos poupados por acaso, evitamos por princípio essa expressão duvidosa. *Esse termo sobrevive*, e de forma obstinada e zelosa, *somente nas mãos de vocês*, de centenas de milhares como vocês. De fato, vocês se comportam como se nós jogássemos em vocês, sem parar, a acusação da "culpa coletiva". E fazem isso porque vocês — isso mesmo: vocês, não nós — *precisam desse conceito*. Vocês precisam dele *porque desejam ter a chance de recusá-lo e, por meio dessa recusa, poderem se legitimar. Se o termo não existisse, vocês o inventariam apenas para combatê-lo.* Assim como, caso nós, judeus, não tivéssemos existido, vocês teriam inventado e até produzido judeus para poder nos perseguir e liquidar. A comparação é mais que um paralelo, pois se trata, em ambos os casos, *da típica tática do antissemitismo, que depende dos judeus, pois eles são o alimento indispensável para o desejo de ódio.* Em suma: essa sua gente aqui, *os filhos de Eichmann de hoje, vive na crença de que a acusação que a deslegitima é permanentemente feita por nós. Eles precisam da acusação para, por meio da comprovação de sua falsidade, comprovar a própria inocência.* Claro que nenhum deles chama pelo nome os autores originais sérios da acusação, pois eles não existem. Houve no máximo Morgenthau: ele até pode ter usado a expressão *collective guilt*, mas isso foi há quarenta anos, e seu discurso pertinente não é conhecido por nenhum deles hoje. Além disso, o homem era um político, não deve ser tomado seriamente como um teórico, e na verdade não surpreende que suas formulações, feitas imediatamente depois que se tomou conhecimento de Auschwitz, não tenham sido acertadas. Mas *seus aliados aqui só conhecem a expressão "culpa coletiva" porque sua insuficiência lhes parece útil, porque eles a podem combater.* Essa lógica não é desconhecida, nós a conhecemos da história do antissemitismo, cujo lema secreto, caso fosse pronunciado, seria:

"Eu combato os maus,
  logo, odeio os maus,
  logo, os maus existem."

Ou:

"Eu combato algo,
  logo isso *é.*"

Em suma: *seus aliados de aqui e agora necessitam da acusação da "culpa coletiva" e a amam. Se eles não supusessem que ela existe, então lhes faltaria algo: sua honra.*

Por fim, a isso se acrescenta que, com essa contestação da tese que nós supostamente defendemos, eles ganham a chance *de transferir a culpa para nós, os sobreviventes, apontando-nos como mentirosos.* Desse modo, caso julguem oportuno, gostam de abusar do sermão da montanha para indicar que (enquanto *eles* teriam já há muito tempo *nos perdoado*) *nós* (na maioria, claro, judeus), *as vítimas, tería-*

mos permanecido, de modo típico, completamente irreconciliáveis, ou, melhor dizendo, sedentos de vingança. Quem, eu pergunto a você, *matou quem?* (Essa pergunta parece ainda suave demais, pois soa como se um indivíduo tivesse matado outro indivíduo.) Portanto, *quem teria que perdoar quem?* Se é que se pode pedir "perdão" por uma atrocidade tão *irrepresentável* como a produção de seis milhões de cadáveres. Ou que tal pedido possa ser atendido. *Não nos encontramos além dos limites do perdoável?*

Talvez você concorde, senhor Eichmann. Os atuais minimizadores profissionais do horror, certamente não. Ao invés disso, eles se portam — o que, diante de tais atos, é absolutamente imperdoável — como espertalhões: com a ajuda de um truque de inversão, *por meio de sua inabalável recusa da tese da culpa coletiva*, supostamente defendida por nós (na verdade colocada em nossa boca por eles), eles transformam

  "todos os alemães são culpados"

na tese negativa:

  "nenhum alemão tem culpa".

Ou seja: eles usam a falsa universalização para *universalizar a inocência.*

  Estamos apenas a um passo de distância entre essa inversão e a afirmação de que Auschwitz absolutamente não existiu, ou seja, de que somos culpados pela mera afirmação de algo que (é vergonhoso escrever isso) é uma mentira, a assim chamada *"mentira de Auschwitz"*

(*Auschwitzlüge*).[9] Eu certamente não sei, senhor Eichmann, se você também partilha dessa canalhice sem tamanho contra os assassinados e os poucos sobreviventes; dessa "*profanação de cadáveres por meio de sua denegação*", que os assassinos e seus filhos se permitem; e que podem se permitir porque obviamente não há pessoas assassinadas que teriam se apresentado enquanto "assassinado". "*O que falta permanece sempre invisível.*" Como foi dito, senhor Eichmann, ignoro se também você, porque não aguenta mais esse assunto todo e já não consegue mais ouvir a palavra "Auschwitz", se também você adotou o termo ignominioso "mentira de Auschwitz" e o empregou sem pensar. Aqui na Europa há, em todo caso, milhares de pessoas que, entediadas com a palavra "Auschwitz", exigem impacientemente e reclamam seu direito de que nosso "olhar furioso para o passado" finalmente chegue ao fim. Entre aqueles que o exigem, como já lhe contei no início, encontram-se também intelectuais, pessoas cultas: historiadores de universidades, que de fato não negam os "trabalhos burocráticos" de seu pai e dos empregados do extermínio menos representativos — historiadores acadêmicos não se expõem a tal vergonha, que provocaria escárnio internacional. Mas transformam o horror que foi posto em movimento a partir da mesa de seu pai, ou ao menos dirigido dali, em um *caso entre outros casos*. E o fazem ao se referir repetidamente, ou melhor, sistematicamente, a massacres ocorridos em épocas passadas, e não somente enfatizando que sempre houve tais massacres, ainda que menos perfeitos tecnicamente, mas também que a história da humanidade, sem tais assassinatos em massa, não seria a nossa

9. No pós-guerra, o termo em alemão tornou-se corrente entre os negacionistas do Holocausto. [N.T.]

história da humanidade. Uma versão que quase converte tais assassinatos em uma parte indispensável do passado, enfatizando que teria havido, no passado mais recente, *modelos* (*Vorbilder*) para Hitler (e assim também para seu pai), matanças massivas de seres humanos, referindo-se sobretudo aos milhões de mortos e assassinados sob Stalin. Se a *massa de milhões* de vítimas, assim "argumenta-se" (se é que se pode caracterizar o jogo de palavras como "argumento"), pertencia a uma *classe* (como no caso de Stalin) ou a uma *raça* (como no caso de Hitler), seria praticamente uma diferença de sílabas. Em suma: o acaso de que as três palavras, "massa" (*Masse*), "classe" (*Klasse*) e "raça" (*Rasse*) rimam entre si foi usado, de modo abusivo, como meio de comprovação para afirmar a semelhança, e mesmo a identidade, entre duas ações completamente incomparáveis.

Ora, não nego que na União Soviética tenha imperado por décadas um terrível regime coercitivo, um regime de terror, cuja existência assombrou justamente "esquerdistas" como eu, e de forma tão mais profunda do que se tivéssemos equiparado moralmente as duas ditaduras (como nos foi sugerido por décadas pelo canto da sereia dos oportunistas políticos), colando-lhes a mesma etiqueta ("totalitarismo") e nos arrastando para um fronte falso. Tudo isso lhe soa provavelmente muito estranho, senhor Eichmann, não apenas por ser algo tão longe no tempo, mas também porque não parece ter absolutamente nada a ver com os pressupostos e experiências de sua própria vida, de sua vida no pós-guerra. Talvez você faça com a cabeça um sinal de desaprovação enquanto lê estas minhas palavras. Isso eu compreenderia, pois sei como é difícil para vítimas de uma mesma crise mundial se entenderem quando elas pertenceram a campos opostos.

Voltemos então aos argumentos que lhe soarão mais familiares, embora sejam igualmente um desaforo e soem como completa loucura aos ouvidos de toda pessoa disposta à compreensão. O primeiro desses argumentos é: *Hitler e os seus, o que inclui também seu pai, não teriam agido barbaramente por vontade própria*, na verdade não teriam *sequer agido*, mas somente *reagido* à barbárie. Eles tinham na verdade a intenção de *impedir* que os extermínios bolcheviques se espalhassem pela Europa; e de cuidar para que o mundo permanecesse "salvo" (*heil*). Ouça bem, senhor E., essa palavra solene, tomada do cristianismo, essa sílaba transformada em saudação forçada e depois gritada mecanicamente no *Reich* milenar e sacrílego (*unheiligen*) da sangrenta desgraça (*Unheils*); que também você, quando menino, deve ter usado de forma totalmente ingênua; e que os carrascos do assassinato em massa, sem qualquer sobressalto, gritavam uns aos outros nos campos de extermínio, quando não ocasionalmente até às próprias vítimas a serem assassinadas. Por favor, senhor E., tente perceber esse cinismo, mesmo que com décadas de atraso. *"Barracão 13, para a sala de ducha! Heil Hitler!"* Você ouviu o chamado? Então talvez você vá entender, mesmo que, como dito, com décadas de atraso (mas para tais coisas nunca é tarde demais), por que eu decidi escrever para você mais uma vez, 25 anos depois.

Voltemos ao contexto que havíamos deixado de lado por alguns instantes: as falsas desculpas, com as quais jornalistas políticos de hoje e até mesmo historiadores e cientistas políticos têm a coragem de amenizar as atrocidades dos pais.

Eles inventaram a versão de que Hitler teria considerado e "levado a cabo" o extermínio em massa dos judeus *na verdade não como uma ação espontânea, mas* apenas — o que naturalmente acaba levando a uma defesa — *como uma reação,* como um simples revidar, como um *evento de eco.* De fato, poucas agressões nas últimas duas décadas não etiquetaram a si mesmas como "defensivas". Então, Hitler e seus Eichmanns, em seu engano de si e dos outros, teriam de certo modo dado um passo a mais do que havia sido pensado até então (assim ensaiam ou propõem os historiadores na chamada "controvérsia dos historiadores" [*Historikerstreit*],[10] que eclodiu há dois anos sobre o caráter explicável, o caráter único ou a "normalidade" dos extermínios em massa nos campos de concentração nazistas). Talvez eles estivessem convencidos do delírio de *ter que imitar os* (supostos) *primeiros agressores,* os primeiros exterminadores. Com suas ações de extermínio, não teriam visado a outra coisa senão evitar a propagação da "barbárie bolchevique" no "coração" da Europa central; para então impedir esse horror — minha caneta vacila ao escrever essa justificativa absurda, esse ultraje —, eles também teriam cometido o horror. Ou seja, teriam *imitado o horror para impedir o horror.*

Tente por um momento, senhor Eichmann, julgar imparcialmente esse argumento!

Essa "imitação" — não fica claro *o que* Hitler teria imitado, tão fundamentalmente diversas são as duas "ações" — teria sido concebida e realizada como um "antídoto" por ele e assim também por seu pai? A barbárie de Hitler e a dos

---

10. Caso queira se informar a respeito, recomendo-lhe o excelente ensaio de Hans-Ulrich Wehler, *Entsorgung der deutschen Vergangenheit* [Eliminação do passado alemão] (C.H. Beck, 1988).

Eichmanns seria talvez, por esse motivo, menos culposa? Ou teria sido até mesmo benemérita? Ao menos aos olhos de Hitler e de seu pai, pois houve outros bárbaros antes deles? Que argumento, senhor Eichmann! Tanto faz se ele veio de Hitler, se foi utilizado por seu pai ou inventado pelos historiadores de hoje (que o "interpretam", isto é, que o defendem).

Com esse argumento, não seria possível justificar, sem exceção, qualquer crime? E, sem exceção, todo criminoso? Não significaria uma carta branca para tudo e todos?

A isso se acrescenta que, na verdade, no caso de Hitler e de seu pai, não se tratava de ações ecoadas, de repetições de outros crimes. Na União Soviética de Stalin de fato milhões morreram do modo mais miserável, foram assassinados da forma mais terrível, mas isso não foi justificado como um programa, uma visão de mundo, ou do ponto de vista "moral". É verdadeiro que — e isso foi suficientemente horrível — Stalin produziu inúmeras vítimas ao longo de anos. Apesar disso — e essa diferença não podemos ocultar —, *a ideia de liquidar de forma fabril massas de seres humanos, ou melhor, a ideia de uma produção sistemática de cadáveres, tal como Hitler e seu pai executaram, nunca ocorreu a Stalin*. Mesmo entre os historiadores alemães partidários que participaram da "controvérsia dos historiadores" não havia ninguém que ousasse dizer de Stalin algo dessa ordem, em suma: aquilo a que supostamente Hitler reagiu, aquilo que ele supostamente imitou, isso de modo algum havia existido.

Não é péssimo, senhor E., *isso* que estamos comparando aqui? Isso que precisamos comparar? E que precisemos até mesmo achar melhor *uma* dessas atrocidades, ou, pelo menos, menos pior que a outra? Embora em ambos os casos se trate de algo tão inimaginável que nos causa repulsa jogar uma contra a outra.

Infelizmente, precisamos dar ainda mais um passo em nossas considerações. Por fim, não podemos silenciar o fato de que Hitler e seu empregado servil não apareceram, na verdade, como vingadores, que de modo algum estavam de olho nos supostos assassinos de massas na União Soviética; ou seja, que não visavam punir culpados. As massas de seres humanos que eles eliminaram não tinham nada a ver com os crimes massivos de que os bolcheviques foram acusados. Aqueles que foram exterminados por seu pai e pelos irmãos de Eichmann eram, de fato, *judeus*. Todos os que eles conseguiram capturar, sem distinção. Portanto, *os* judeus. Portanto, *nós*, judeus. Exatamente: *nós*. Como lhe contei há um quarto de século, também eu sou judeu. Se eu também não fui capturado por eles, foi por puro acaso. Por isso, de certo modo, falo a você em nome daqueles que não puderam escapar de seu pai. Infelizmente apenas "de certo modo", pois mortos não podem atribuir incumbências. Mas devemos também cumprir as incumbências não atribuídas.

Mas, de volta ao *assunto*: jamais havia existido na história, talvez com exceção dos *pogroms* anteriores, uma distância tão grande entre o suposto *motivo da vingança* e a efetiva *vítima da vingança*. Entre aqueles (real ou supostamente) dignos de punição e aqueles que Hitler e seu pai arrebanharam e depois liquidaram não havia *absolutamente nenhuma ligação*, muito menos uma identidade.

Os judeus, portanto. No entanto, é provável que, para seu pai, não fizesse diferença se eram precisamente judeus aqueles cujo trajeto de morte ele devia traçar todos os dias, como se estivesse rabiscando palavras cruzadas. É provável que, para ele, qualquer outro grupo tivesse sido igualmente oportuno. Ele não foi mesquinho: em sua generosidade e justiça, aceitou da mesma maneira, como material para as câmaras de gás e para combustão, ciganos, homossexuais, prisioneiros de guerra inutilizáveis, mesmo que nós fôssemos o material preferido.

Assim como na primeira carta, dirijo-me aqui a essa total *indiferença* ou "generosidade" *para com seu "material de jogo"* e para com os resultados finais de seus passatempos burocráticos. É somente ela que torna seu "fazer" algo plenamente — em vão busco um qualificativo suficiente, adjetivos como "terrível" ou "horroroso" seriam aqui inócuos — *"eichmanniano"*. Não existe lema pior que aquele do carrasco supostamente "justo" da Molússia:[11] *"Para mim, todos estão certos e igualmente certos"*. E esse foi o axioma de seu pai, obviamente exercido, mesmo que decerto nunca pronunciado.

"Esse lema não foi só de meu pai", talvez você respondesse. Nesse caso não seria tão sem razão. Pois realmente esse é *também hoje* — não ouso dizer "também ainda hoje", porque soaria como um resquício, algo que restou daquela época — *o lema de milhões de pessoas*. Se isso não estivesse correto, então seu pai seria somente um caso patológico único e, enquanto tal, desinteressante e sem valor para nos servir de tema. Falo de seu lema somente porque ele *não* é um caso particular. O que o torna tão funesto é apenas sua aplicação generalizada, que parece óbvia para todos. Não foi nenhum capricho meu quando,

---

11. A Molússia é um país fictício, uma alegoria sobre o fascismo, do romance *Die molussische Katakombe* [A catacumba molússica], de Günther Anders. Em vários de seus textos, Anders cita de forma enigmática "ditados molússicos". [N.T.]

na minha primeira carta a você, 25 anos atrás, eu caracterizei todos nós como "filhos de Eichmann".

Não importa a atividade que realizemos — portanto, não são apenas os totalmente dependentes, aqueles nos mais baixos degraus da escada, que não sabem (que não são autorizados a, nem conseguem saber) "aquilo que fazem (*tun*)", isto é, aquilo que causam por meio de seu agir (*Tun*), logo, aquilo que "infligem" (*antun*) —, todos nós realmente temos em comum com seu pai essa "indiferença". Se tem algum sentido (como no cristianismo, ao qual você pertence, diferentemente de mim) caracterizar *"o" homem* como *"pecador"*, então *essa pecaminosidade só pode consistir nessa sua indiferença aos efeitos indiretos de seu agir, nesse não saber que é aceito de bom grado.* "Pecado" é hoje a exploração do fato de que permanecemos cegos aos efeitos de nosso agir. O pecado consiste no fato de que *nos fazemos voluntariamente cegos a ele. E, por fim, no fato de que promovemos ou mesmo produzimos essa cegueira nos outros; ou no fato de que não a combatemos. Isso já basta como pecado.* O fato de que ninguém: nenhum amigo, nenhuma mulher (sua mãe também certamente não), também nenhuma instituição, mesmo aquela que se pretende apta para o julgamento do bem e do mal, trouxe a atenção de seu pai a esse tornar-se pecaminoso — *o fato dessa omissão universal é, naturalmente, também um pecado; não: não "um", mas todo um sistema de pecados.*

Mais uma vez algo sobre a indiferença de seu pai:

Como dito, era-lhe completamente indiferente *quem* ele matava, ou seja, mandava para as câmaras de gás e transformava em cinzas, tanto fazia:

judias da Holanda
trabalhadores portuários de Tessalônica
mineiros de Katowice
ou crianças ciganas da Eslováquia.

Tornar isso tão claro, isto é, fazer diferenciações nas determinações daqueles a serem assassinados teria parecido, para ele, algo mesquinho e detalhista se comparado com a seriedade profunda e a grandeza do objetivo político milenar do qual lhe "permitiram" participar. De modo algum isso teria sido assunto *dele*, parte de "seu" setor. Isso porque ele não tinha nada a ver com nenhuma de suas vítimas potenciais cujo "destino" estava em suas mãos; porque todos lhe importavam de modo igual, a saber, em absolutamente nada; *porque ele não imaginava nenhuma morte humana* que organizava, logo, causava; *ele não era nada seletivo (wählerisch) em seu trabalho. E nisso consistia seu pecado.*

Como talvez você saiba também, senhor E., sempre foram para nós *o* ápice daquela época de terror as assim chamadas "*seleções*" (*Selektionen*) que ocorriam na plataforma da estação de Auschwitz-Birkenau, onde os recém-chegados eram divididos: para a direita os que eram levados imediatamente para as câmaras de gás; para a esquerda os que eram mandados para os barracões, bestas de trabalho ainda exploráveis por um breve período.

Agora, *seu pai*, senhor E., *jamais selecionou*. Jamais. Para ele, os seres humanos de que dispunha recreativamente eram em igual medida "*morituri*".

Logo, eram *igualmente cadáveres em potencial*.

Não, uma vez que ele os mandava queimar, eles eram, *igualmente, cinzas em potencial*.

Não, uma vez que ele mandava espalhar essas cinzas

sobre os campos de Auschwitz, eles eram, *igualmente, material de adubo em potencial.*

Não, uma vez que esse material deveria desaparecer completamente no solo, eles eram, *igualmente, nada em potencial.*

Lamento, senhor E., não é você o culpado por essa linguagem exacerbada. Mas obviamente o é aquele de quem você tem a desgraça de ser filho. Se tiver compreendido minhas últimas afirmações sobre seu pai, você consegue ainda encontrar o mínimo motivo para solidarizar-se com ele e para um impulso de ter piedade dele? E você acredita que possa fazê-lo?

É claro que seu pai não teria podido, ou não lhe teria sido permitido, compreender esses pensamentos. Por meio de sua infâmia — lamento, testei outras palavras, mas eram inadequadas —, ele foi compelido, ao menos isso lhe era extremamente *prático*, a considerar culpados aqueles que ele deixou matar, isto é, que ele matou (pois tal "deixar" é igualmente um "fazer"); ele foi compelido a *torná-los* culpados. *Na "lógica da infâmia", todo crime próprio vale fundamentalmente como "punição". Essa "punição", por sua vez, vale fundamentalmente como prova da culpa, como prova para a culpa do "punido".*

Também por esse motivo, sempre que seu pai conseguia nos (mandar) capturar e arrebanhar, ele identificava suas vítimas (ou seja, na maioria das vezes, nós, judeus) com os "assassinos bolcheviques", justamente *para supostamente atingi-los quando ele nos acertava.* Sobre isso já falamos. E, uma vez que ele não se acanhava com contradições (não precisava se acanhar, pois contradições nunca perturbaram demagogos e seu público), ele foi tão longe a ponto de separar *"os judeus"* e ao mesmo tempo *equipará-los "aos capitalistas"*, de modo a conseguir adular o proletariado alemão.

Em cada judeu, Hitler e seu pai viam, portanto, além de um "bolchevique manchado de sangue", sempre também um "banqueiro internacional", praticante da usura, claro, "que vampirizava o povo alemão". Portanto, um misto de Marx e Rothschild.

Esse era o duplo papel que nós, judeus, desempenhávamos para seu pai (na medida em que ele, extremamente ocupado com o cumprimento diário de seu dever burocrático de aniquilação, podia dispor de algum tempo para fazer a si mesmo uma imagem do *quantum* diário de cadáveres a ser produzido). Depois dessas minhas palavras, talvez você pense: ele não era assim totalmente mau, mas *totalmente desprovido de pensamento*. Entretanto, a constatação de tal ausência de pensamento não seria nenhuma absolvição da maldade; pelo contrário, *a maldade consiste justamente nessa ausência de pensamento*.

Seja como for, senhor Eichmann, você acredita ser possível continuar a se solidarizar de forma impune ou, digamos, de forma "ilesa" com um homem que, dia após dia, continuamente exerceu sem pensar tal profissão, mas que nenhuma vez sequer foi chamado à ordem?

Se eu ao menos pudesse, uma única vez, ouvir de sua boca um "não" sussurrado!

Antes que eu o deixe de uma vez por todas, após essa minha segunda tentativa, e talvez sem conseguir de modo algum alcançar seus ouvidos — o breve prazo que ainda sobra a mim, velho homem, não posso dedicar exclusivamente ao pensamento do que foi Auschwitz, preciso muito mais utilizá-lo para impedir futuros Auschwitz —, portanto, antes de me despedir de você, ainda algumas últimas palavras sobre aqueles seus coetâneos que vivem aqui na Áustria e na Alemanha, que hoje obliteram e até mesmo negam o caráter inédito e único do assassinato de milhões de pessoas. Aqueles que querem se identificar plenamente com seu passado nacional e, assim, impedem que nele se abra um enorme buraco, no qual eles cairiam se tentassem medi-lo como um período normal por meio da memória ou da narração.

Você encontrou, entre seus contemporâneos daqui, alguns aliados muito chiques, até mesmo professores, que compartilham algo com você, ou você com eles. Pois eles, na assim chamada "controvérsia dos historiadores", que veio à tona nos últimos anos, repetidamente afirmam que genocídios ocorreram também no passado às vezes, ou melhor, que possivelmente sempre tenham ocorrido, ainda que tecnicamente menos "habilidosos". Com essa afirmação, eles evidentemente negam o que ocorreu nos campos de concentração, sob a direção burocrática de seu pai, mesmo que não neguem de forma tão tosca como o fazem adeptos do termo "mentira de Auschwitz". Você tem finos aliados nesses acadêmicos!

Por fim, gostaria de compartilhar a compreensão daqueles que acreditam justificar a si mesmos ou aos outros declarando: *"Se eu não fizer, então outro fará. Já que o efeito seria o mesmo, por que então não eu?"* — um argumento corrente entre todos os irresponsáveis, por exemplo, entre empresários ou ministros que favorecem a exportação de armas.

Eu lhe pergunto, senhor E.: alguém tem o direito de sujar as próprias mãos (e lavá-las na inocência) porque, caso se abstenha, outro qualquer sujará as mãos? Porque manter as mãos limpas, independentemente da perda que se arriscaria, permaneceria *"inútil"*? *A probabilidade ou o fato da sujeira de outros é justificativa para a própria sujeira? Alguém se torna melhor pelo fato de que os outros também não são melhores?*

Ou, ao contrário, não devemos impedir ao máximo que outros sujem suas mãos?

Isso vale, portanto, para seu juízo sobre seu pai. Você jamais pode defendê-lo com estas palavras:

"Se ele não tivesse feito, outros mil teriam feito. Por que então, sob essas circunstâncias, ele não deveria fazer? E por que ele deveria, sob essas circunstâncias, permanecer execrável?"

Esse argumento de que o trabalho sujo de seu pai poderia ser absolvido ou mesmo anulado pelo provável trabalho sujo de outros seria, ele mesmo, já uma sujeira.

Bem, isso é tudo por hoje. E é provável que definitivamente.

Garanto-lhe, e agora o repito pela última vez, que não o julgo culpado por ter vindo ao mundo como filho de seu pai, e somente o julgaria culpado se você, graças a uma preguiça de pensamento mal interpretada como piedade, permanecesse filho de seu pai.

Desejando-lhe o melhor, seu
G. A.

P.S.: É triste, mas é verdade: a infidelidade pode ser uma virtude.

DE ONDE VÊM OS MONSTROS
FELIPE CATALANI

EM UMA CARTA DE 12 de outubro de 1965, cogitando uma possível visita a seu amigo Günther Anders, Herbert Marcuse escreveu:

> Eu preciso vê-lo e reclamar com você — também não posso esconder que fiquei furioso com seu *Filhos de Eichmann*. Isso não dá. Não podemos mais nos dar ao luxo de ser *goody-goodies* e de apelar ao sentimento e ao bom-senso de bestas desprovidas de qualquer sentimento e bom-senso. Porque toda argumentação já é conciliação e até mesmo traição em relação aos que foram mortos por essas bestas — e os filhos de Eichmann, caso tenham a chance (o que é provável), farão novamente com entusiasmo aquilo que já fizeram. Você é um homem irredutível e por isso eu o admirava. Não se entregue escrevendo cartas de amor aos carrascos. Günther, nós (também você?) estamos velhos. Não usemos o tempo que ainda temos com compreensão profunda e benévola daqueles que são aliados do horror...

em que precisamos empregar nosso tempo, isso não preciso lhe dizer.[1]

Não é de todo improvável que o leitor atual desta carta aberta ao filho de Adolf Eichmann tenha uma sensação similar à que teve Marcuse: o apelo de Anders ao jovem Klaus Eichmann de fato parece, em vários momentos, descabido. No entanto, não devemos nos esquecer que, àquela altura, Anders já havia se correspondido com outra figura emblemática da bestialidade de nossa época — ou *monstruosidade*, como ele prefere dizer —, a saber, Claude Eatherly, um dos pilotos estadunidenses envolvidos na missão de soltar uma bomba nuclear sobre a cidade japonesa de Hiroshima e que, à época, tornou-se relativamente célebre por seu "adoecimento" mental, que o levava a cometer pequenos furtos e assaltos *com a finalidade de ser punido*. Ao mesmo tempo, Eatherly era elevado à condição de herói nacional, de modo que sua culpa (real) era tratada como um caso patológico de *guilt complex* — lembremos que, sobretudo nos Estados Unidos, toda crítica às armas nucleares era (e é) recebida como atentado à segurança nacional. Coube-lhe o destino de ficar internado em um hospital psiquiátrico militar monitorado, sendo-lhe vetada a experiência da culpa e do remorso, que, por sua vez, vinculava-se à tomada de consciência em relação à monstruosidade do ato do qual ele havia participado. Na correspondência com Günther Anders, que lhe havia enviado seus "Gebote des Atomzeitalters" [Mandamentos para a era atômica] e que lhe

---

1. ANDERS, Günther. *Gut, dass wir einmal die* hot potatoes *ausgraben* [Bom que estamos colocando as batatas quentes na mesa]. Munique: Beck, 2022, p. 113-4.

escreveu: "você está condenado a permanecer como doente em vez de culpado",[2] ele encontrou alguém que *reconhecia sua culpa*, isto é, sua responsabilidade — algo que possibilitou uma melhora clínica no ex-piloto, que passou então a se engajar contra aquilo no qual ele havia tomado parte, isto é, o *genocídio nuclear*, cuja ameaça perdura desde 1945.

Se Anders chegou a ver em Eatherly uma "contrafigura de Eichmann"[3] (embora ambos sejam figuras gêmeas naquilo que realizaram), foi porque, apesar de seu "catastrofismo", o autor de *Die Antiquiertheit des Menschen* [A obsolescência do homem] nutre uma perspectiva em relação à "plasticidade dos sentimentos" dos seres humanos, à qual ele vincula a capacidade humana de *imaginar* que, na época da "discrepância prometeica", ficou aquém daquilo que o homem pode *produzir*, ou seja, de sua capacidade técnica. Desse modo, tornou-se tecnicamente possível o assassinato de centenas de milhares de pessoas, embora esse ato mesmo extrapole a fantasia humana — e é justamente *porque* tais atos extrapolam a fantasia humana que eles se tornam possíveis, e não *apesar* dessa discrepância entre agir e imaginar. É esse o vínculo íntimo entre a magnitude da barbárie de Auschwitz e Hiroshima e o ponto alcançado pelo processo civilizatório da modernidade capitalista.[4] No entanto, se há

2. ANDERS, Günther. "Off limits für das Gewissen: Briefwechsel mit dem Hiroshima-Piloten Claude Eatherly" [Além dos limites da consciência: correspondência com Claude Eatherly, piloto de Hiroshima]. *In*: ANDERS, Günther. *Hiroshima ist überall* [Hiroshima está em toda parte]. Munique: Beck, 1995, p. 212.
3. *Idem*, p. XIX.
4. Embora Anders tenha elevado o problema da discrepância ao ponto de fuga de toda sua obra, esse fenômeno foi também identificado por diversos autores da época e esteve presente,

algo como um "humanismo" (empregamos o termo, a despeito das confusões que ele pode acarretar) no autor, que via obsolescências por toda parte, ele se vinculava à *transformabilidade* do ser humano, isto é, a seu caráter não fixo, exatamente como no *leitmotiv* de Brecht, que tinha horror às naturalizações dos vícios dos homens.[5] É nessa tensão entre pessimismo da inteligência e otimismo da prática que Ludger Lütkehaus viu em Anders "esse caráter duplo de niilista ontológico-axiológico e rigoroso antiniilista em seu engajamento".[6]

Em resposta à carta de Marcuse, Anders diz se tratar de um grande "mal-entendido":

Esse mal-entendido decorre exclusivamente do fato de que vivemos em dois mundos completamente diferentes (eu,

◇◇◇

por exemplo, tanto nos comentários de Walter Benjamin sobre as armas químicas na Primeira Guerra Mundial quanto na análise de Hannah Arendt em *Eichmann em Jerusalém* ou mesmo em *A condição humana*, obra na qual há afirmações muito próximas do diagnóstico de *Die Antiquiertheit des Menschen* (como se lê na correspondência entre os dois, Arendt revela ter lido com entusiasmo o ensaio de Anders sobre a bomba atômica). No caso de uma comparação mais aprofundada entre as análises anderiana e arendtiana do fenômeno Eichmann, ficaria evidente a analogia entre o que Anders chama de "imaginação" e aquilo que, em Arendt, é "pensamento". Em todo caso, também para Arendt é gritante a "discrepância" em Adolf Eichmann: sua linguagem atrofiada (mesmo no momento de sua morte, ele só conseguia falar por meio de clichês) revelava sua incapacidade de *pensar*, que estava muito aquém daquilo que ele *fazia*.

5. O que foi ressaltado pelo próprio Anders em sua leitura das *Histórias do Sr. Keuner*, presente no livro *Mensch ohne Welt: Schriften zur Kunst und Literatur* [Homem sem mundo: escritos sobre arte e literatura]. Munique: Beck, 1993.

6. LÜTKEHAUS, Ludger. *Schwarze Ontologie: Über Günther Anders* [Ontologia sombria: sobre Günther Anders]. Lüneberg: zu Klampen, 2002, p. VIII.

por exemplo, em um totalmente sem judeus) e que falamos para públicos completamente diferentes. Não passaria pela cabeça de ninguém aqui na Europa compreender meu *Filhos de Eichmann* como *goody-goody*. Pelo contrário: eu sou difamado como alguém que tem sede de vingança — o efeito do mesmo texto em meios diferentes pode ser, desse modo, tão diverso. A isso se soma o fato de que só aparentemente a carta era direcionada ao filho do Eichmann, e que apresento a bestialidade como sendo a situação atual.[7]

Se a carta foi um gênero literário bastante importante para Anders, é porque ela representa, literalmente, o texto endereçado por excelência. Neste pequeno livro, é constante a interpelação ao leitor e o uso do pronome na segunda pessoa. Mas (e isso vale também para a correspondência com Eatherly) os endereçados são igualmente o público geral, incluído na também recorrente primeira pessoa do plural, em um *nós* que aparece já no título. E, como Anders costuma enfatizar, seus interlocutores não são professores e estudantes de filosofia, mas um público tão diverso como o era o próprio movimento antinuclear, que incluía "médicas da Indonésia, teólogos protestantes da Alemanha e dos Estados Unidos, sindicalistas da Índia, monges budistas do Japão, cientistas nucleares dos mais diversos países e estudantes da África".[8] Assim, *Nós, filhos de Eichmann* pode ser lido também como uma versão sintética e *prêt-à-porter* de algumas de suas principais teses desenvolvidas em outras obras mais extensas.

7. ANDERS. *Gut, dass wir einmal die* hot potatoes *ausgraben*, op. cit., p. 114.
8. ANDERS, Günther. *Die atomare Drohung* [A ameaça atômica]. Munique: Beck, 2003, p. 52.

O incômodo de Marcuse talvez passe sobretudo pela impressão dada pelo texto de que Anders estaria quase *inocentando* Eichmann. Ciente desse perigo, o autor faz questão de explicitar do que se trata e por isso escreve para Klaus: "temo que você receba meus argumentos como um desencargo da culpa de seu pai", ao mesmo tempo alertando que "não poderia imaginar mal-entendido pior". Mas por que é possível ter essa impressão (equivocada) ao lermos este texto? De fato, a tensão entre a culpa (a responsabilidade) individual por um crime monstruoso e o caráter socialmente sistêmico (*impessoal*, portanto) desse mesmo crime atravessa de cabo a rabo a carta aberta a Klaus Eichmann e, de modo geral, também todos os estudos de Anders dedicados ao que podemos chamar de *mudança estrutural do conformismo*. No entanto, se falamos aqui em "conformismo", não devemos ter em mente a imagem tradicional daquele que contempla em oposição ao que age, ou do burguês confortavelmente sentado em uma poltrona, digno de figurar em um romance de Zola ou Balzac. Estamos nos referindo antes à situação em que, como escreve Anders em seu ensaio sobre *Esperando Godot*, de Beckett, "o fazer se tornou uma variante da passividade".[9] Ou seja, trata-se de identificar como funciona essa nova forma humana da atividade, que embaralha ação e trabalho e que permitiu nada menos que "os maiores trabalhos sujos da história".[10]

---

9. ANDERS, Günther. *Die Antiquiertheit des Menschen*, v. 1, *Über die Seele im Zeitalter der zweiten industriellen Revolution* [A obsolescência do homem, v. 1, Sobre a alma na era da Segunda Revolução Industrial]. Munique: Beck, 2010, p. 218.
10. ARANTES, Paulo. "*Sale boulot*". In: ARANTES, Paulo. *O novo tempo do mundo*. São Paulo: Boitempo, 2014.

Nessa situação, a "maldade" (que permitia algo como culpa individual), depois de ter se transformado em sistema, parece pertencer a outra época. Por isso também Hannah Arendt dizia ser inadequado afirmar que Eichmann era uma pessoa "cruel". A percepção desse fenômeno tampouco era estranha aos frankfurtianos. Adorno, em um curso sobre filosofia moral, insiste que, "como Horkheimer formulou, não há mais pessoas boas ou más. As possibilidades objetivas da decisão moral estão encolhidas",[11] o que implicava, no limite, a própria obsolescência da filosofia moral. Ainda que Kant tivesse ambições mais normativas do que descritivas em sua *Crítica da razão prática*, o que se observava, àquela altura do século XX, era o desaparecimento dos pressupostos materiais e sociais da autonomia moral como guia da ação, isto é, a palavra "indivíduo", em sua acepção propriamente moderna, já não parecia se referir a nada. Essa brutal redução dos indivíduos à função social que exercem foi igualmente pressentida por Kafka, que, antecipando o que viria a ser o século que se iniciava, colocou na boca de um dos personagens de *O processo*: "Sou contratado para espancar, logo, espanco".

A pergunta que norteia a investigação de Anders poderia ser, portanto, traduzida em termos que não são do autor: *o que forma os sujeitos da dominação sem sujeito?* Quais são as mutações da *alma* nessa "participação [*Mit-Tun*] ativa-passiva-neutra", que funciona por meio de um "princípio 'medial'-conformista"?[12] Longe de querer simplesmente dissolver a responsabilidade dos

11. Adorno-Archiv, "Probleme der Moralphilosophie (Vorlesungen)" [Problemas de filosofia moral (aulas)], 22 dez. 1956.
12. ANDERS. *Die Antiquiertheit des Menschen*, v. 1, *op. cit.*, p. 288.

indivíduos que participaram das maiores atrocidades do século XX, Anders quer mostrar que Eichmann é, de certo modo, a ponta do iceberg de um *enorme sistema de colaboração* no qual se transformou a sociedade moderna. O problema não é apenas que as pessoas "sujem as mãos" no horror, mas que *elas o fazem mantendo-se "inocentes"*, pois psicologicamente elas já não podem mais, devido ao caráter infinitamente mediado dos processos sociais, reconhecer o resultado de uma ação como sendo de fato "delas". Por isso, "*a compreensão do tornar-se inocentemente culpado, do caráter indireto do envolvimento de hoje, é a investigação decisiva, indispensável de nossa era*".[13] Esta carta a Klaus Eichmann é certamente uma contribuição para essa investigação, que não deixa de ter no horizonte, como diria o amigo Herbert, o instante da "Grande Recusa".

13. ANDERS. *Hiroshima ist überall*, op. cit., p. XVIII.

FELIPE CATALANI é mestre em filosofia pela Universidade de São Paulo (USP) e realizou estágios de pesquisa nas universidades Humboldt, em Berlim, e Paris Nanterre. Seu doutorado, em andamento, dedica-se ao estudo da obra de Günther Anders. Do alemão, traduziu também *Aspectos do novo radicalismo de direita*, de Theodor W. Adorno (Unesp, 2020)

Foto: Biblioteca Nacional da Áustria

GÜNTHER ANDERS, pseudônimo de Günther Siegmund Stern, nasceu em 1902, na Breslávia, então território do Império Alemão. Doutor em filosofia pela Universidade de Freiburg, foi reconhecido como um fenomenólogo brilhante por seus professores Edmund Husserl — aliás, orientador de sua tese de doutorado, defendida em 1924 — e Martin Heidegger — em cujas aulas conheceu Hannah Arendt, com quem foi casado entre 1929 e 1937. Nesse período, aproximou-se dos círculos da vanguarda literária da República de Weimar e manteve contato com escritores como Bertolt Brecht e Alfred Döblin. Com o avanço do nazismo, exilou-se primeiro na França, em 1933, onde conviveu com Walter Benjamin, seu primo de segundo grau, e, três anos depois, nos Estados Unidos. Trabalhou em ramos diversos, inclusive como operário de fábrica — experiência determinante para suas análises da automação na sociedade industrial, desdobradas em seu principal livro, *Die Antiquiertheit des Menschen* [A obsolescência do homem]. Escritor polivalente, teve uma obra vasta e diversificada: além de textos filosóficos e ensaios de crítica da cultura, dedicou-se a gêneros diversos (romance, poema, fábula, diálogo de ficção, carta e diário), não raramente incorporados em sua prosa teórica. Enquanto crítico literário, seu livro *Kafka: pró e contra* (Cosac Naify, 2007) impactou autores como György Lukács e Theodor Adorno. Testemunha da destruição civilizacional generalizada do século XX, dedicou suas reflexões ao potencial de autoaniquilamento da humanidade e à "mutação da alma" no capitalismo tardio. Além de escritor e teórico, foi militante antifascista na juventude e, no pós-guerra, engajou-se profundamente na luta antinuclear, tendo dedicado parte significativa de sua obra à ameaça atômica. Faleceu aos noventa anos em Viena, na Áustria, em 1992.

elefante

CONSELHO EDITORIAL
Bianca Oliveira
João Peres
Tadeu Breda

EDIÇÃO
Tadeu Breda

ASSISTÊNCIA DE EDIÇÃO
Luiza Brandino

PREPARAÇÃO
Bonie Santos

REVISÃO
Diana Soares Cardoso
Mariana Brito

DIREÇÃO DE ARTE
Bianca Oliveira

CAPA & PROJETO GRÁFICO
Mateus Valadares

ASSISTÊNCIA DE ARTE
Victor Prado

FOTOS DE CAPA
United States Holocaust Memorial Museum,
cortesia de: National Archives and Records Administration
(College Park), Yad Vashem e Wytwornia Filmow
Dokumentalnych i Fabularnych

GOETHE
INSTITUT

The translation of this work
was supported by a grant from
the Goethe-Institut

© Editora Elefante, 2023

Título original:
Wir Eichmannsöhne: offener Brief an Klaus Eichmann
Günther Anders
© Verlag C.H.Beck oHG, München, 2001

Primeira edição, março de 2023
São Paulo, Brasil

Dados Internacionais de Catalogação na Publicação (CIP)
Angélica Ilacqua CRB-8/7057

Anders, Günther
Nós, filhos de Eichmann: carta aberta a Klaus Eichmann /
    Günther Anders; tradução Felipe Catalani. São Paulo:
    Elefante, 2023.
    112 p., 13,4 × 21 cm

ISBN 978-85-93115-67-7
Título original: *Wir Eichmannsöhne: offener Brief an
Klaus Eichmann*

1. Guerra Mundial, 1939-1945 2. Holocausto judeu
3. Eichmann, Klaus I. Título II. Catalani, Felipe

23-2738   CDD 940.5318

Índice para catálogo sistemático:
1. Guerra Mundial, 1939-1945

---

elefante

editoraelefante.com.br
contato@editoraelefante.com.br
www.fb.com/editoraelefante
@editoraelefante

Aline Tieme [vendas]
Katlen Rodrigues [mídia]
Leandro Melito [redes]
Samanta Marinho [financeiro]

FONTES Euclid, Fakt & Kepler
PAPEL Pólen soft 80 g/m² e cartão 250 g/m²
IMPRESSÃO Gráfica Pallotti